I0754078

8 cote - G -

~~Double~~

S 277

295

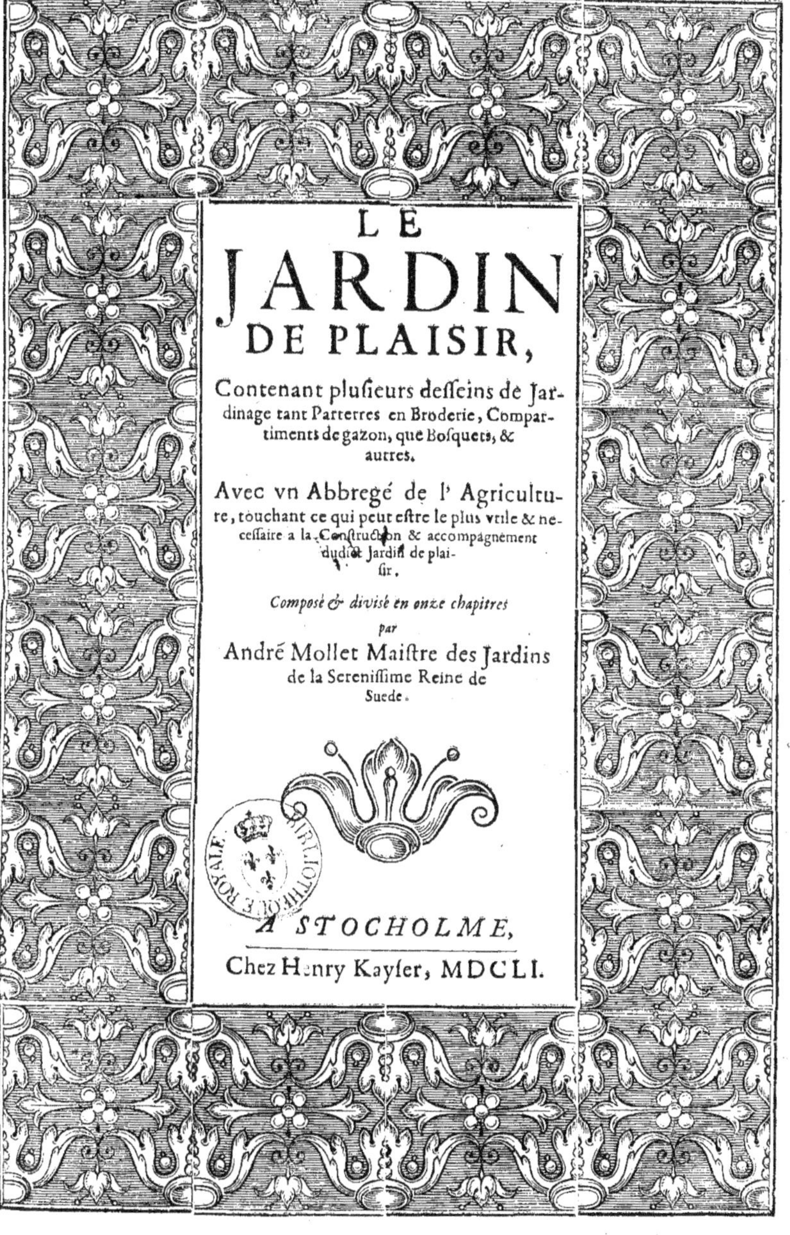

LE JARDIN DE PLAISIR,

Contenant plusieurs desseins de Jardinage tant Parterres en Broderie, Compartiments de gazon, que Bosquets, & autres.

Avec vn Abbregé de l' Agriculture, touchant ce qui peut estre le plus vtile & necessaire a la Construction & accompagnement dudict Jardin de plaisir.

Composé & divisé en onze chapitres

par

André Mollet Maistre des Jardins de la Serenissime Reine de Suede.

A STOCHOLME,

Chez Henry Kayser, MDCLI.

A la Reine

MADAME,

Oſtre Maieſté eſtant doueë de tant de ſageſſe & rares cognoiſſances, extraordinaires a voſtre ſexe & aage, donne lieu a vn chacun de s'efforcer a produire, & vous preſenter quelque choſe de ſon art hors le commun, eſtant juſte que ce qui ſe treuve le plus accomply dans les Inventions des hommes ſoit offert a vne Reine, qui eſt tenuë dans le monde pour vn modele de perfection : Auſsy a Elle attiré a ſon ſervice vne partie des plus Expers Artiſtes de l' Europe, lesquels s'eſtiment tresheureux s' ils peuvent rendre quelque ſervice a voſtre Ma:ſte qui luy ſoit agreable, taſchant de plus en plus de luy faire paroiſtre avec zele quelques fruicts de leur induſtrie. Et bien que ie ſois vn des moindres i' ay neantmoins oſé avec la permiſsion de V: Ma:te me pre-

preſenter des premiers, a luy offrir quelques eſſays de mon petit labeur, qui conſiſtent en pluſieurs deſſeings de parterres, Bosquets & autres, pour l'embelliſſement des Iardins, accompagnez d'vn petit abregé de l'Agriculture. J'ay donc pris la hardieſſe de dedier a V:re Ma:té ce petit ouvrage, eſtant certain, que ſoubs ſa faveur il ſera eſtimé & reçeu de pluſieurs perſonnes de condition tant en ce pays, que des eſtrangers: C'eſt encor vne rencontre tres-favorable pour moy, qu'en ce meſme temps, auquel V:re M:té eſt couronneé parmy les resjouiſſances publiques, & les acclamations de tous ſes peuples, je luy viens preſenter des fleurs & des lauriers. De plus ie tiens a tresgrande faveur, qu'apres avoir eſté eslevé dans vne famille attacheé au ſervice des Rois tres Chreſtiens, & ſerui quelques années le Roy & la Reine de la grande Bretaigne; en ſuite M:r le Prince d'Orenge, il ayt pleu a V:re Ma:té faire choix de ma perſonne, pour la ſervir en l'ornement de ſes maiſons Royales, en quoy i'eſſayeray de ſurpaſſer mes ouvrages precedents, employant ce que le temps & l'vſage m'ont appris, a l'embelliſſement de ſes Iardins, priant continuellement Dieu, qu'il conſerve V:re Ma:té en toute proſperité & dans la longueur d'un Regne floriſſant.

De V:re Ma:té

le Treshumble tresobeyſſant & tresfidelle

ſerviteur

André Mollet.

AU LECTEUR.

CHer amy; Comme il a pleu a Dieu se manifester aux hommes ainsi, que dans un miroir par les divers effects de la nature & principalement en la vegetation des plantes, & Agriculture, ou il se remarque vne infinité des merveilles incomprehensibles, tant aux arbres & fruicts, qu' a l' admirable varieté des fleurs, vertu des herbes & plantes; ce n' est donc pas sans raison, que des nos premiers peres jusques a maintenant les plus grands se sont tousjours addonnéz & divertis a l' art d' Agriculture, comme leur estant vn repos & contentement d' esprit apres s' estre par maniere de dire, lassez & attenuez dans les affaires du monde: Et en effect ceste solitude est si aggreable a nos sens, qu' elle nous les delasse, & rafraichit, & les rend plus propres d' agir cy apres. Ie dirai donc, puis qu' elle est si remplie des si beaux effects, ou il se peut remarquer la sagesse incomprehensible du toutpuissant, elle ne doit estre mesprisée, ny negligée, y ayant eu des Roys, & Monarques de tout Temps qui s' y sont grandement divertis; Mesme de nostre temps le Roy de France dernier d' heureuse memoire, lequel plantoit & greffoit luy mesme, & a son imitation les Princes & grands seigneurs de France y prennent encor maintenant vn singulier plaisir: Ce qui faict qu' a present en France il y a de plus beaux Jardins qu' en aucun lieu du monde, quant a l' artifice que l' homme y peut apporter Car il y a des pays, comme en Italie & autres lieux du Midy, ou la nature faict & produict d' elle mesme toutes belles choses a souhait, comme Orangiers, Citronniers, Mirthes, Iasmins, & autres raretéz, lesquelles nous ne pouvons avoir en ces quartiers sans grande peine & soin de les conserver contre les rigueurs de l' hyver: Et c' est en quoy le Jardinier sera plus a estimer, quand par son industrie il pourra eslever & conserver telles choses aux climats froids & pays du Nord, desquelles choses nous

traitte-

traitterons en ſon lieu en ce petit traité, comme auſsi en bref de ce qui depend du Jardin de plaiſir, ſuivant ce que i' en ay appris & prattiqué en travaillant, tant en France, Angleterre qu' Hollande, ou j' ay eu l' honneur de ſervir les Roys & Princes, & eſtant maintenant au ſervice d' vne ſi auguſte Princeſſe, que Sa Majeſté de Svede, je me ſuis efforcé a faire mon mieux pour donner quelque Intelligence aux Jardiniers & Curieux. Les deſſeings ſont touts de mon Invention & deſſeignéz de ma main, lesquels j' ay mis en grand volume pour eſtre plus intelligibles & concevables a executer ſur terre: Quant au diſcours, je ne m'y ſuis pas amplement eſtendu, mon intention n' eſtant pas de traitter que de ce qui eſt le plus vtile au Iardin de plaiſir: De plus n' ayant demeuré que ſix mois tant aux deſſeings qu' au diſcours, je prie le lecteur d' excuſer ma brieveté, le renvoyant a pluſieurs bons Autheurs, qui ont cy devant amplement traicté de l' Agriculture. Et comme mon Pere s' eſt acquis par Experience & travail la qualité de premier Iardinier de France, ayant eu l' honneur de ſervir trois Rois, nommément le Roy Henry le Grand, & le Roy Louys treizieſme d' heureuſe memoire, puis eſt mort au ſervice du Roy d' a preſent i' ay deſiré mettre icy ſon pourtraict en ſa memoire. Qu'il te plaiſe donc cher amy reçevoir ce mien petit labeur d' auſsi bon cœur, comme je te le preſente puis que mon Intention n' eſt, que de rendre quelque ſervice au public.

Ie prie Dieu qu' il te ſoit propice.

EXTRAICT DU PRIVILEGE.

Ous Christine par la grace de Dieu Reine de Suede &c. A tous ceux qui ces presentes lettres verront salut. Honorable & industrieuse personne André Mollet Maistre de nos Jardins s' estant proposé de faire imprimer vn traicté qu' il a faict en trois langves, sçavoir Suedoise, Allemande & Françoise de la culture, vtilité, plaisir & ornement des Jardins, intitulé le Jardin de plaisir, & desirant sur ce nos lettres necessaires. Nous avons permis, & permettons par ces presentes signées de nostre main, qu' il puisse faire, & fasse imprimer, vendre, & distribuer led.t livre appellé le Jardin de plaisir, cependant & durant le terme de dix ans a conter du Jour & datte que led.t livre sera achevé d' imprimer; faisant pour cet effect tresexpresses Inhibitions & deffences a tous Libraires & Imprimeurs ou autres de quelle qualité & condition qu' ils soyent de nostre Royaume, pays & terres de nostre obeyssance d' imprimer ou faire imprimer led.t livre, ou d' en apporter ou faire amener de dehors soubs noms interposéz pour les vendre & debiter en nos Royaumes sans la permission dud.t Mollet ou de ses heritiers, sur peine de 400. Dal. d' argent d' amende, applicable moitié a nostre chambre de Contes, & moitié aud.t suppliant, sans aucune diminution, & despens, dommages, & Interests, & de Confiscation de tous les Exemplaires, qui se trouveront estre mis en vente, ou autrement contre la teneur de ces presentes. Car tel est nostre plaisir, Donné a Stokholme le 12 Mars 1651.

CHAPITRE I.

De la diuersité des terroirs, comme ils se pourront reconnoistre ou bons, ou mauuais, aussi de leurs amendemens, & de la qualité des fumiers.

N premier lieu, il se rencontre de plusieurs sortes de terres, car les vnes sont pesantes, aquatiques, & froides, les autres legeres, plus seches, &. plus chaudes; celles-cy sont vtiles a la production de certaines plantes, & les premieres plus propres au naturel de plusieurs autres, dequoy nous parlerons en son lieu.

Mais auparavant venons a la connoissance du terroir auquel nous ferons election de construire vn iardin; or pour reconnoistre s'il est bon, ou mauuais, il sera conuenable de creuser en diuerses places du lieu, iusqu'a la profondeur de trois ou quatre pieds, puis en tirer vne parcelle de terre. & la mettre tremper dans vn verre plein de bonne eauë, iusques a ce qu'elle soit rassise, & apres en auoir gousté, si elle a vn mauuais goust, lors il est euident que le dit terroir sera defectueux, & que tout ce qu'il produira tiendra tousiours de la nature d'iceluy. Mais comme il se rencontre ordinairement, que nous ne pouuons pas a nostre choix treuuer des places bien situees, ny conditionnees ainsi que nous les desirerions, ne nous estant pas tousiours permis (comme ondit) de tailler en plein drap, en tel cas nous y pourrons remedier en cette sorte.

Premierement, soit le dit lieu labouré par tranchees de trois, ou quatre pieds de profond, mettant tousiours la terre de dessus au fond, & celle du fond au dessus y meslant force fumier assaissonné, comme il est dit cy-apres,

 or

or le dit labeur, & melioration se doit faire en automne afin que l' Hyuer le purifie, comme aussi au Printemps derechef en bien meslant & retournant la ditte terre, & fumiers ensemble pour mieux incorporer l' air avec icelle, par ce moyen elle seratant plus facile a produire, & receuoir ce qui luy sera offert.

Ce cult ne se doit espargner tant en l' vne, qu' en l' autre terre, pour estre plus certain d' auoir vn bon iardin; quoy que pour l' espargne, il n' est du tout besoin de labourer la bonne terre plus d' vn bon pied & demy de creux: & est a noter qu' en tous lieux ou l' on desire faire iardin, il faut qu' il y ayt pour le moins deux pieds de bonne terre, c' est a dire franche d' argille, glaize, tuf, & roche, autrement ce seroit travailler en vain. Mais en cas qu'il se treuuast du dit tuf a la profondeur de deux pieds ou enuiron, dans le lieu, ou le Jardinier fust neantmoins contraint de planter arbres, ou Palissades, qu'il face des bonnes tranchees de huict, ou dix pieds de large, & la moitié de profond, puis a la place du dit tuf y apporter de la bonne terre, laquelle il pourra prendre en la superficie des alleës, au lieu de laquelle il y remplacera le tuf des rigolles, ou tranchees sus-dites, ce qui sera propre pour faciliter la promenade dans les dites allees.

Nous remarquerons la meilleure terre par sa noirceur estant sablonneuse; dautant qu' elle est douce, humide au fond, & chaude au dessus, qui sont les qualitez requises pour la production des plantes, tant arbres, herbes, fleurs, que legumes, & generalement de toute sorte des choses. Pareillement la terre souuent remuee, & transportee d' vn lieu a l' autre, fait des grands effets pour la production sus-dite, comme aussi les vidanges, & curages des fossez, & estangs: la raison est que les dites terres ne font iamais de corps, ains demeurent continuellement euaporeuses, & humides au fond; ce qui fait croistre a force les racines auec quantité de cheuelures, d' ou les arbres tirent facilement toute leur substance, & nourriture.

En apres est necessaire que le jardinier face bonne prouision de fumier, pour engraisser, & meliorer la terre; car le fumier bien assaisonné, & meslé deuëment auec la terre, est ce qui luy donne force, & humeur pour la propagation des plantes; dont le meilleur pour cet effect est celuy de boeuf & vache, dautant qu' il a la proprieté d' eschauffer la terre trop aquatique, & froide: & au contraire rafraischit celle qui est trop

chaude,

chaude, & graueleuſe. Ioint que le fumier de cheual produit, & engendre beaucoup de vermines, qui endommagent, & ſouuent deſtruiſent la plus grande partie de ce que l' on a bien pris de la peine a eſleuer dans les iardins : Toutesfois au defaut du fumier de vache, on ſe peut ſeruir de celuy de cheual, l' ayant appreſté comme il faut, a ſcauoir ; en l' amaſſant en quelque lieu bas ou l' eauë ſe puiſſe arreſter pour l' engraiſſer: car autrement il ſe treuueroit trop ſec, & bruslant, ce qui n' eſt propre qu' en cas que l, on ſ' en voulut ſeruir a faire des couches pour les melons, & autres telles choſes, qui ont beſoin de chaleur au printemps, dequoy nous parlerons en ſon lieu.

Pour doncques rendre le dit fumier propre a amender les terres d' vn iardin, il faut le laiſſer vn Hyuer ou deux ſ'aſſaiſonner, & pourrir au dit lieu bas, & aquatique, en apres il ſera moins abondant en vermines, & plus remply d' humeurs pour noſtre vſage. Quant aux autres fumiers, celuy de pigeons eſt fort bon pour les Orangers, vn peu meſlé auec de la fiente de daim, cerf, ou mouton, eſtant aſſaiſonné, comme il ſera dit au Chapitre des Orangers. Mais quant aux fumiers de porcs, & matieres fecalles, ils ſont plus- toſt nuiſibles, & dommageables, qu' vtiles, c' eſt pourquoy le Jardinier ne ſ'en ſeruira en aucune façon que ce ſoit. La meilleure ſaiſon pour fumer les terres eſt (comme nous auons dit) en Automne, parce que l' Hyuer conſume, & conuertit le fumier en terre l' incorporant auec icelle.

CHAPITRE II.

De la Pepiniere.

APres le naturel des terres, & de leurs amendemens, suit la pepiniere, pour esleuer de toutes sortes, & especes d' arbres; pour lequel effect faut choisir vn lieu a part assez bas, & voisin de l' eauë, en vne partie duquel, apres auoir cultiué, & accommodé la terre, (comme dit est au Chapitre precedent) on fera quelques planches de quatre, a cincq pieds de large, & longues a discretion; puis on semera en quelqu' vnes d' icelles les pepins de poirier a part, comme aussi de pommier, & coignacier separement, dans des petits rayons faits proprement, & en droicte ligne de demy pied d' espace l' vn de l' autre; dans lesquels on semera les dits pepins, non trop drus, ny trop auant: & dans les autres planches, ou licts on semera en mesme façon les petits noyaux, comme de cerise, & prune; mais quant aux gros noyaux, ils se doiuent planter; comme ceux d' abricot, peche, & amande.

Plusieurs sont en doute en quel sens, & par quel bout on doit planter les dits noyaux, mais cela est plus curieux qu' vtil; car il est euident qu' en telle façon qu' ils soient mis en terre, la corruption en estant faicte, & le germe estant formé, l' air attire tousiours iceluy en haut. Les plus recens que peuuent estre tant les pepins, que noyaux pour les mettre en terre, est le meilleur, & s' ils ne sont tels, sera tres a propos de les mettre vn peu tremper, ou bien mettre les dits noyaux dans du sable frais pour les amollir, puis les planter ou l' on voudra, & si l' on en a des rares, les planter dans des pots ou quaisses. Toutes ces deux operations se doiuent faire en nouuelle Lune.

L' an-

L' annee suiuante il faut transplanter les ieunes arbres, qu' auront produit les dits noyaux, & pepins auec ordre, & en droite ligne, comme par petites allées d' enuiron quatre pieds de large, & a vn pied de distance l' vn de l' autre, afin que l' on le puisse labourer, & émonder comme il appartient; & enuiron la deuziesme annee d' apres ils se pourront greffer.

On se peut aussi seruir de reiettons des racines d' arbres pour faire pepiniere; mais est a noter que leur racines ne seront iamais si cheuelües, ny si bonnes, que les precedentes.

CHAPITRE III.

Des Arbres fruictiers.

Oila en bref quant a la pepiniere; reste a considerer comme il faut planter, greffer & tailler toutes sortes d' arbres fruictiers, dont nous en remarquerons de deux sortes en general, sçauoir hauts, ou grands, que nous appellons arbres de marque, lesquels se doiuent planter en plain champ, ou terrain; & l' autre espece se nomme arbres nains, comme ne croissans pas plus hauts que dix a douze pieds: Ceux-cy sont propres a mettre en expailler, c' est a dire contre les murs en forme de palissade, & a l' abry des vents du Nord; mais exposéz au soleil du Midy le plus qu' il est possible; & c' est la maniere qu' il nous faudra tenir en ces pays froids, & quartiers du Nord, pour le regard des arbres delicats, comme Bon-Chrestien Bargamotte, Messire Jean, Abricots, Peches, Cerises precoces, ou hastiues, & plusieurs autres.

Le Bon-Chrestien est distingué en deux especes particulieres, sçauoir d' Hyuer, & d' Esté: celuy d' Hyuer est le plus excellent, & se garde

 tout

tout l' Hyuer estant cueilly en saison conuenable; mais celuy d' Esté ne se garde pas, & deuient ordinairement verreux. C' est vn arbre fort domestique, & qui se plait aux enuirons des maisons, & dans les courts; celuy cy pourra facilement meurir en ces pays froids, mais a peine celuy d' hyuer, a moins que l' annee ne soit tresfauorable, dautant que c' est vn fruict qui veut demeurer des derniers sur l' arbre, & estant cueilly trop tost se fene, & demeure sans saueur, ny aucun goust.

La Bargamotte se rencontre pareillement d' Esté, & d' Hyuer, & ainsi que le bon-Chrestien: Celle d' Hyuer est beaucoup plus excellente, & grosse que celle d' Esté, aussi sera-elle beaucoup plus difficile a faire meurir en ces quartiers du Nord; toutesfois moins que le bon-Chrestien, comme estant vn peu plus hastiue. Mais tant le dit bon-Chrestien que Bargamotte d'Hyuer ne pourront reüssir icy a moins qu' ils ne soient plantez en expailler, afin de les pouuoir abrier, & couurir au printemps estant en fleur, d'autant qu' en ce temps la il vient quelquesfois des gelees assez fortes, & des vents du Nord qui gastent tout. C' est pourquoy auant que passer plus oultre nous donnerons quelque intelligence touchant l' expailler.

Nous nous seruirons donc en ces contrees Nordennes de l' expailler, pour planter nos meilleurs, & plus delicats fruictiers, tant a pepin, qu' a noyau; & ce par le moyen de bonnes trenchees de six pieds de large, & quatre de profond, le long du mur destiné a faire expailler, & l' ayant melioré (comme il a esté dit au Chapitre premier) nous y planterons nos dits arbres nains d' enuiron deux toises en deux toises, qui sont enuiron six aulnes de Suede, ou douze pieds, & le plus esleué que nous pourrons, en faisant vn petit tallüe le long du dit mur: & en plantant les dits arbres, il faut bien prendre garde que la racine ne soit posée sur le fumier, ny entourée de mottes, ou pierres, ains de la terre bien menuë, & deliée autour d' icelle racine; pareillement qu' elle ne soit contrainte, froissée, ny esclatée, tant en la taillant, qu' en la plantant; puis les arrouser souuent la premiere annee.

Quant a la coupe, & taille des dits arbres; premierement la racine se coupe en dessous en tirant la main qui coupe vers soy, sans l' écorcher, ny rompre; & si d' aduenture il se rencontre des dictes racines rompuës, ou esclatees, il les faut couper proprement. Pour la taille des branches,

branches, il ſera plus expedient de les laiſſer iusqu' au Printemps, ſi les arbres ſont plantez en Automne, craignant de les trop alterer. Mais s' ils ſont plantez au Printemps, il les faut couper auſſi toſt, & le plus court que faire ſe pourra: dautant que l' arbre eſtant prés coupé, la ſeue a plus de force a pouſſer ſon humeur, & l' arbre en vient plus beau, & abonde dautant plus en fruict. Cette taille ſe doit faire au declin de la Lune, & ainſi generalement de toutes ſortes d' arbres fruictiers, & autres. Il eſt a remarquer que pour auoir des bons poiriers nains, & qui rapportent fruicts en abondance, il faut qu' ils ſoient greffez ſur coignaciers; mais quant aux grands, & de marque, ils ſe greffent ſur leur meſmes eſpeces.

Il y a vn grand nombre de ſortes de poiriers, comme Meſſire Jean, Amadote, Bezidhery, Rouſſelet, Muſcat, Orange, ëauroſe, Vallee, certeau, & autres tant d' Eſté, que d' Hyuer, & a manger cru, que cuittes, deſquelles ie ne feray mention n' en ſcachant pas les noms en autre langue que françoiſe: c' eſt pourquoy nous parlerons maintenant du pommier.

Le pommier ſe plante fort rarement en expailler, ains en plaine terre dans les vergers, comme eſtant plus robuſte, que le poirier. Ils doiuent eſtre plantez a grand eſpace l' vn de l' autre, a cauſe qu' ils croiſſent fort larges, & ſpacieux en leurs branches. Toutesfois par curioſité il s' en peut planter en expailler: mais il faut qu' iceux ſoient greffez ſur pommiers nains, que nous appellons en France de paradis, leſquels abondent ordinairement en fruict. Les meilleures eſpeces de pommes ſont, la Reinette, Courpendu, & la Caluille. Il s' en rencontre d' vne infinie quantité d' eſpeces, auſſi bien que des poiriers, deſquels nous ne ferons mention pour la raiſon ſuſ-dite.

Le Coignacier eſt vn troizieſme fruict a pepin, & tres excellent a confire; mais pour en auoir du fruict en maturité, il les faut planter auſſi en expailler; & a grand' peine encore pourra-il meurir en ces quartiers, demandant a cette fin beaucoup plus de temps que le Bon-chreſtien d' Hyuer. Il nous ſera neantmoins tres vtil d' en faire bonne prouiſion pour greffer les poiriers nains: ce qui eſt aſſez facile, comme eſtant vn arbre prompt a reprendre, & fort robuſte aux injures du temps. Il ſe plait plus qu' aucuns dans vne terre forte, graſſe, & aquatique; comme auſſi fait le pommier, & poirier: mais les fruicts a noyau au contraire ſe plaiſent dans vne terre ſablonneuſe & chaude.

Mainte-

Maintenant quant aux dits fruicts a noyau, le prunier est tresexcellent tant a manger crud, que confit. Il se peut planter en vergers, & en expailler: Toutesfois les plus exquis se doiuent planter en expailler, comme Le Perdrigon, gros damas noir, & violet, Imperialle, & Dacte: & comme ils ne sont si delicats que les Abricotiers, pechers & autres arbres, ils se pourront planter en moindre aspect, moiennant qu' ils ne soient du tout exposez au Nord, reseruant le meilleur aspect pour les autres. Les Pommiers nains se peuuent aussi planter en expailler, & au mesme aspect que les Pruniers, mais il est tresbon que les Poiriers, Pommiers, & Pruniers soient tous plantez separement; quant aux Abricotiers, Pechers, & Cerisiers, ils se peuuent entremesler par ordre.

Pour l' Abricotier, & Pecher ils croissent assez promptement, mais aussi sont ils moins de dureë, & fort suiets aux injures du temps: Partant ils requierent encor plus de soing que les autres, les plantant en expailler, bien a l' abry des vents du Nord: & comme ils sont hastifs, & des premiers en fleur, il les faudra couurir au printemps, lors qu' il y aura apparence de geleë, par le moyen de paillassons faits a la propice, pour les mettre dessus proprement, & bien attachez contre le mur sans qu' ils puissent endommager les boutons, ou fleurs.

Les sus-dits arbres nains se peuuent aussi curieusement planter dans des quaisses: car par ce moyen on les pourra conseruer dans la serre comme les Orangers, & les transplanter de lieu a autre au beau temps; mesmes jusques dans les salles aux banquets, & festins, ou l' on pourra prendre plaisir de cueillir le fruict de dessus les dits arbres.

Mais pour reuenir aux especes de nos arbres fruictiers, nous dirons que l' Abricotier est seul en son espece, sinon qu' il s' en rencontre de meilleure, & plus belle l'vne que l'autre. Il se greffe sur le prunier de gros damas blanc, ou de S. Julien; & est encor meilleur a greffer sur son propre sauuageon.

La Peche se treuve de diuerses especes, comme peche commune, Auant-peche, Peche de Troye, Pauie blanche, & iaune, Mellicottons, & Bruignons; & toutes generallement se peuuent greffer sur le prunier de S. Julien, & Amande douce. Toutes ces sortes de peches, comme aussi l' Abricotier croissent abondamment, & fort viste, c'est pourquoy il les faut tailler tous les ans plus qu' aucun autre arbre, obseruant de tousiours laisser les branches plus abondantes en boutons a fruict; ce qui se peut

aisement

aisement remarquer sur les dits arbres. Quant aux iets, & scions qui paroissent les plus vigoureux, & plains de seve; ce sont ordinairement ceux qui n' ont aucuns boutons a fleur, & lesquels neantmoins tirent la meilleure substance de l' arbre: on les peut a bon droit nommer branches bastardes, dautant qu' elles attirent a elles la bonne nourriture des legitimes. Difficilement pourra-on faire reüssir en ces quartiers du Nord les dites sortes de Peches, si ce n' est les hastiues, comme Auant-peches & Peches de Troye; quant aux tardiues ce seroit perdre le temps. Il est a noter qu' il ne faut attendre plus d' vn an ou enuiron apres leur greffes pour les replanter: autrement ils seroient trop gros, & a demy passes, auant que d' estre repris, comme estans de peu de dureë.

Le Cerisier est vn arbre qui se plante en verger, & se plait en terre sablonneuse: il y en a des hastifs, & tardifs, comme aussi des nains pour planter en expailler. Nous nommons ceux-cy precoces, a cause que les cerises sont meures des premieres, Mais si l' on desire auoir vne belle Cerisaye, il faut choisir vne terre (comme nous auons dit) laquelle soit sablonneuse, & apres auoir fait des trous de deux toises en deux toises, ameilleurez auec de bon terreau, y planter des Merisiers, c' est a dire, Guiniers sauuages de la grosseur de trois a quatre poulces de tour: puis la deuziesme annee d' apres les greffer de toutes les meilleures especes qui se pourront rencontrer. La raison pourquoy le Merisier est meilleur a greffer que le Cerisier, est qu' il ne iette pas du pied comme le Cerisier. Les Griotiers, Bigarreautiers, & Guiniers se doiuent planter, & greffer comme les Cerisiers, auec cette difference qu' il les faut planter a part ou autour de la dite Cerisaye, en mesme allignement que les Cerisiers, a cause qu' ils croissent plus grands, & plus forts.

Le Meurier est de deux especes, scauoir blanc, & noir; Le blanc ne sert qu' aux vers a soye; mais le noir rapporte des bon, & sain fruict a manger sur la fin de l' Esté. Il se greffe sur le blanc en mesme maniere que les autres arbres. Le froid luy fait couler son fruict, s' il n' en est bien mis a l' abry, c' est pourquoy il en faut bien auoir du soin en ces quartiers froids: & pour ce subiet on en peut planter en expailler; autrement il ne produira que des feuilles.

Le Noyer est vn arbre qui vient fort grand, & spacieux; mais il est ennemy de tous les autres: a raison de quoy il le faut planter a part, comme dans quelques aduenuës, & autres lieux vastes. La meilleure espece est celle dont la coquille de la noix est tendre : il le faut planter loin a loin, comme de cincq a six toises, & ne le couper par le faiste que lors qu' il sera repris, ains seulement les racines. Sa feuille est de bonne odeur.

Le Nefflier est vn arbre rustique, & robuste : Son fruict ne vaut rien, qu' il ne soit comme pourry, & que les gelees n' ayent donné dessus. Il se greffe sur luy mesme, ou sur l' Espine blanche.

Est a remarquer que les dits arbres fruictiers ne se doiuent planter, qu en la pleine Lune, si faire se peut : La meilleure saison est en Automne; par ce que durant l' Hyver la racine se fortifie : mais il ne faut iamais arracher vn arbre, ny le replanter que la feuille ne soit tombee ; ce qui n' arriue pas en ces quartiers, d'autant que l' Esté finit tost, & commence tard, ce qui cause souuent que la seve est encor fluante sur les arbres, lors qu' il seroit a propos de les leuer auant les gelées : partant en tels lieux il sera expedient d' attendre jusqu' au printemps ; & si tost que la terre sera degelée ne point perdre de temps a arracher, & replanter au plus viste, auant que les arbres entrent en seve, ayant le soin de les bien arrouser durant l' Esté. Et lors qu' ils commenceront a pousser, il faut se donner garde d' oster les bourgeons, (quoy qu' ils semblent superflus) auant le mois d' Aoust, d'autant que cela feroit retirer la seve, & puis remontant s' arresteroit au mesme endroit pour reproduire des nouueaux iets, ou bourgeons : & ainsi l' arbre ne profiteroit, ains s' altereroit par le haut, & pourroit auorter tout a faict.

Maintenant s' il est besoin de replanter des vieux arbres tant a fruict, que sauuages, moyennant qu' ils n' ayent plus de dix a douze ans, il faut prendre grand soin a les bien arracher, sans endommager les racines, & a preparer des grands trous comme il sera treuué conuenable a proportion de leur grosseur, les coupant en teste fort courts, & prenant garde de les replanter au mesme aspect du soleil, qu' ils estoient cy devant. La meilleure saison pour cet effect est en Automne au commencement de Nouembre; afin qu' ils reçoiuent en leurs racines l' humidité de l' Hyuer, puis les arrouser en abondance.

CHA-

CHAPITRE IV.

Des diverses sortes de greffer.

AYant traitté jusques icy desterroirs, & de leur cult, comme aussi des arbres fruictiers ; reste maintenant a parler de diverses sortes de greffer, desquelles nous en remarquerons trois principales, nommement, approche, fente, & escusson : quant aux autres elles sont plus curieuses qu' vtiles ; & comme mon intention est d' estre bref en cet œuure le plus qu' il me sera possible, ie ne m' arresteray qu' aux trois sus-dites, comme estants les plus frequentes, & meilleures.

Le greffer en approche est fort commode, & prompt, comme aussi tresasseuré ; d'autant que le sauuageon reçoit la greffe sans estre coupee hors de son arbre, & se pratique en cette maniere. Lors que l'on a vn arbre d' excellent fruict, on plante plusieurs sauuageons a l'entour d'iceluy, bien droits & bien choisis ; & l'annee ensuiuante, estans bien repris, on approche quelques branches du dit arbre, en faisant incision par le haut des dits sauuageons : puis y appliquant la greffe, apres l'auoir tailleë des deux costez, ou elle sera serreë, & enfermeë du sauuageon, & l'operation estant faite comme il appartient, couurir la fente, & la greffe de cire apprestee. Mais il ne faut pas couper la dite greffe qu' a la seconde pousse, ou annee ; car autrement elle pourroit secher, n' estant encor bien reprise sur le dit sauuageon.

Le greffer en fente se fait presque en la mesme façon, hors-mis que la greffe est detacheë, & coupeë de son arbre, elle n' est pas si asseureë que

 la

la precedente : toutesfois elle n' eſt pas moindre, ains plus exquiſe; d'autant que par icelle on peut auoir des eſpeces de fruicts rares d'eſtranges pays : & partant que les greffes ſoient conſerueës fraiſchement. Elles ſe peuuent garder vn mois, ou ſix ſepmaines eſtant coupeës en decours de Lune : Ceſte maniere de greffer ſe practique en cette ſorte. Premierement il faut auoir vne petite ſië, auec laquelle on ſiera le ſauuageon ſans l' eſclater, ny eſcorcher; puis auec vne ſerpette bien trenchante, couper bien vniement le deſſus du ſauuageon ſié, & l'ayant fendu ſans offenſer la moëlle il faut mettre dans la fente vn petit coin de bois; ce fait, il faut auec vn autre couſteau faict expres, (que nous appellons Entoy) tailler dextrement la greffe de deux coſtez egallement, ou bien vn peu plus d'vn coſté que de l' autre; puis la mettre dans la dite fente enuiron deux, ou trois doigts auant, en ſorte que l' eſcorce de la greffe face partie de la circomference de celle du ſauuageon. Et ſoit icelle greffe coupeë en ſorte, qu' il ny reſte que deux ou trois yeux, hors la fente du dit ſauuageon : puis il y faut appliquer de la mouſſe autour lieë auec de la pelure de bois, ou bien y appliquer de la cire proprement, ainſi l'operation ſera faite. Reſte ſeulement a remarquer que pour auoir des arbres nains, il les faut greffer fort bas, juſques contre terre. La ſaiſon pour greffer en ces deux manieres, eſt au printemps le plus-toſt que faire ſe peut; & ez jours inlunes, c'eſt a dire deux jours deuant la nouuelle Lune, ou deux jours apres, & par vn beau temps, & doux ſi faire ſe peut.

L'autre maniere de greffer eſt en eſcuſſon, laquelle eſt bien differente des precedentes, mais tresbelle, & vtile. Elle ſe pratique l'Eſté ez jours inlunes, vers la ſeconde pouſſe ou ſeve ez mois de juillet, ou Aouſt. Pour donc greffer en eſcuſſon, il conuient couper des ſions ou bouts de branches des arbres, deſquelles nous deſirerons auoir du meſme fruict, & mettant le bout coupé dans l'eauë, afin qu'ils ne ſ'alterent, & fenent; puis leuant bien proprement l'œil, ou eſcuſſon en forme de lozenge par le bas, c'eſt a dire en pointe, ſe donnant garde de l' eſcorcher, ou eſclater : & ſoit fait l' ouuerture en l'eſcorce jusques au bois du ſauuageon, comme en demye croix, & dans icelle ſoit annexé, & ioint le dit eſcuſſon, par le moyen du bout du manche de l'entoy d'os, ou d'yuoire fait en rond, & meince, ſans eſtre touresfois trenchant, auec lequel on leuera doucement l'eſcorce des deux coſtez, pour y appliquer l'eſcuſſon : puis apres ſoit

ſoit iceluy lié auec de la filaſſe, laquelle il faudra couper lors qu' on verra le dit escuſſon repris; car la ſeve montant le fait enfler, comme auſsi le ſauuageon, & la dite filaſſe les ſerrant par trop, pourroit empeſcher la nourriture d'jceluy. Il ne faut pas couper le dit ſauuageon plus bas que trois, a quatre poulces de l' ente, ny auparauant qu' elle ſoit vigoureuſe, & bien repriſe. Il eſt a noter que le dit escuſſon eſt ſi delicat, qu' il ne peut ſouffrir d' eſtre plus d' vn moment a l' air, & ſe corrompt par l' haleine de celuy qui le touche, notamment ſ' il l' a forte, ou puante.

Oultre les trois manieres de greffer ſus-dites, on en peut encor vſer d'vne quatrieſme que l' on nomme, en couronne, mais elle ne ſe practique qu' aux gros arbres, en coupant, & ſiant le bout des branches enuiron a vn pied du tronc, a l'entour desquelles ſe pourront poſer quatre, ou cincq greffes tailleës d' vn coſté ſeulement, & ce en coupant l' eſcorce par le bout de la dite branche, en pluſieurs endroits, ſuiuant la groſſeur d'icelle; puis y adiuſter les dites greffes, eſcorce contre eſcorce, y appliquant de la cire proprement par deſſus & les liant doucement, afin qu' elles ne ſe laſchent. Cette maniere d'operation ſe doit faire éz jours inlunes du mois d' Auril, ou en ces quartiers vers le mois de May.

Quant aux greffes, elles ſe doiuent couper au decours de la Lune de Feburier, ou Mars, liant chasque eſpece par paquets, puis les mettre a la caue, ou elles ſe conſerueront jusques a ce que l' on voie le temps propre pour ſ' en ſervir. Il faut couper des dites greffes vn poulce, ou deux de vieux bois, & les choiſir touſiours ſur les principales branches de l'arbre du coſté de l' Orient.

CHAPITRE V.

De la Vigne.

REste encor a traitter de l'arbre, & fruict de la vigne, dont il y en a de plusieurs especes, comme blanc, & noir, muscat, bourdelay, & autres. Mais auant que de la planter, il sera bon de reconnoistre le terroir (comme nous auons dit au premier chapitre) car la vigne est encor plus prompte, & plus facile a reçeuoir le mauuais goust de la terre, qu' aucun autre arbre. Elle se plait en terre graueleuse, partant qu'elle soit bien amendeë, & fumeë. *Elle se* marquote, & prouigne facillement; comme aussi vient elle fort bien de bouture, ou tallons estans coupez au milieu du sep, & en decours de la Lune de Feburier éz pays temperez; mais en ces lieux froids en celle de Mars, les conseruant dans terre en quelque lieu ou il n y gele pas, jusqu' a ce que les geleës soient passeës; & lors on fera des seillons, ou rayons asSez profonds d'enuiron deux pieds de large, ou l'on plantera les dits tallons, ou boutures, les ayant fait tremper auparauant dans l' eauë nette; puis la troiziesme annee il les faudra tailler, ne laissant que trois yeux au sep. La saison pour la dicte taille est en decours de la Lune de Feburier, ou Mars en ces quartiers, auant qu'elle monte en seve.

La vigne se peut aussi greffer en la mesme maniere, que les autres arbres fruictiers, sçauoir en fente, ou approche, pourueu que ce soit tousjours le plus bas que faire se pourra, quant a la fente; Mais par le moyen de l' approche, le curieux pourra faire qu'vn mesme sep de vigne porte de deux especes de raisin, sçauoir blanc, & noir, en plantant

proche

proche l' vne de l' autre les deux differentes especes : puis l' annee d' apres estants bien reprises, les ioindre, & incorporer ensemble, y appliquant de la cire par dessus, & deux ans apres on aura le dit raisin de deux especes sur vn mesme sep, & mesme grappe:

Quant aux pays froids, la vigne ne peut subsister a moins que d' estre en expailler, & bien exposeë au soleil de Midy, a l' abry des vents du Nord; puis la couurir de paillassons, quand il sera besoin : & comme l' Hyver est extremement rude en ces quartiers du Nord, il est bon durant iceluy de l' enuelopper de paille, & la coucher dans terre : Puis les grandes gelëes estants passeës, la releuer, & la tailler fort pres, ne luy laissant que quatre, a cincq doigts de nouueau bois, & en la saison sus-ditte.

CHAPITRE VI.

Des racines, & herbages.

Apres auoir briefuement traicté des terroirs, & arbres fruictiers, nous parlerons maintenant des racines, & herbages du jardin potager : pour lequel construire, il faut choisir quelquelieu vn peu frais, & humide, & y faire porter quantité de fumiers; puis apres auoir esté labouré comme il appartient, le disposer par quarréz, ainsi qu'il se treuuera conuenable, dans lesquels se feront diuerses planches, pour y semer, & planter, suiuant les temps & saisons, de chasque espece, ainsi qu' il s' ensuit. Mais auparauant il faut remarquer que les prairies sont plus propres a faire jardin de cuisine, qu' aucun autre terroir, pourueu qu' elles soient exempteës de l' eau : car en leur donnant vn bon labeur par trencheës, & mettant au fond d' icelles le gazon, puis la terre par dessus, il leur faudra moins de fumier ; le dit gazon les rendant tant plus fertiles, & plus propres a produire toutes sortes de plantes.

Con-

Considerons maintenant en quel temps se seme, & replante les legumes, & herbages les plus vtiles au iardin de cuisine. Premierement, l' oignon se seme au decours de la Lune d' Aoust, & se replante au decours de la Lune de Mars. Toutes sortes d' oignons se peuuent aussi semer au decours de la Lune de Feburier ez lieux temperez; mais au pays froids ils ne se peuuent semer qu' au Mars, lors que la terre est degeleë, & le plus tost qu' il est possible, afin que l' on puisse les replanter, & qu' ils puissent grossir.

Le porreau se doit semer en la nouuelle Lune de Mars, ou le plus tost que faire se pourra en ces quartiers, afin qu' il puisse auoir le temps de se fortifier, pour estre replanté en la nouuelle Lune du mois de Juin. Il le faut mettre assez auant dans la terre, pour luy faire prendre du blanc; car c' est ce qui est le meilleur a manger dans le potage durant l' Hyuer, lors que l' on ne peut auoir autres herbages. Il se conserue facilement estant mis en du sable dans le serrail, & dure iusques au printemps.

L' ail est plus propre a planter qu' a semer, a cause qu' il multiplie fort en son bulbe, comme aussi les petites ciues; c' est pourquoy il sera plus expedient de les escharpir, & les replanter. Il faut noter que toutes telles racines infectent tellement la terre ou ils ont esté, qu' il la faut bien purifier, & amender auant que d' y semer, & mettre aultre chose.

La Bette-raue est vne fort bonne, & saine racine; elle se seme en plaine Lune le plustost qu' il est possible au printemps: Les raues se sement aussi en plaine Lune; mais pour en auoir de bonneheure il les faut semer sur couches de fumier; pareillement pour en auoir en toutes saisons, il en faut semer tous les mois sur terre, ils demandent vne terre sablonneuse.

Les panais, ou pastenades, & Carottes se doiuent semer en decours de la Lune de Feburier aux pays temperez: Mais en ces quartiers est meilleur de les semer auant l' Hyuer; car autrement elles n' auroient pas le temps de pouuoir grossir.

Les cheriiis, que l' on nomme icy racines sucreës, sont tres bonnes, & multiplient grandement; c' est pourquoy elles se peuent escharpir & replanter plus tost que semer, & ce en nouuelle Lune de Mars. La Cichoree sauuage se seme en la plaine Lune d' Aoust: La Selsifie en plaine Lune de Mars, ou plus tost; Comme aussi les racines du gros persil.

Apres

Apres les racines suiuent les herbages du jardin de cuisine, dont les choux s'y rencontrent de plusieurs especes, comme choux-fleurs, choux-blancs, choux-frizez ou de Sauoye, choux-verds, choux-rouges, & autres : mais le choux-fleur est le plus delicat a manger, aussi est il moins susceptible des injures du temps : & pour ce subiet il se doit semer sur couches de fumier de cheual a la fin de la Lune de Mars, & replanter en la pleine du mois de May, en terre bien fumeë, & prepareë; & pour le conseruer en Hyuer il le faut replanter dans la serre en du sable.

Les choux a pommes tant rouges que blancs, se peuuent semer sur la fin de l'Esté en pleine Lune, pour les replanter en nouuelle au Printemps. Les choux de Milan, ou de Sauoye, & touts autres generalement se peuuent semer au Printemps en la pleine Lune de Mars, pour les replanter en la pleine Lune de May.

La laictüe est vne fort bonne herbe tant en salade, que cuicte dans le pot. Il y en a de plusieurs especes, & pour en auoir tost elles se sement sur couches de fumier en nouuelle Lune le plus tost qu'il est possible. Elles se replantent au decours de la mesme, ou suiuante Lune: Mais pour en auoir le long de l'Esté, il en faut semer tou[illegible] nouuelles Lunes des mois, & les replanter au decours.

Il y a encor vne autre espece de Laictuë que l'on nomme Romaine, ou d'Espaigne; qui est vne excellente salade. Elle se seme au decours de la Lune de Mars, & se replante en la nouuelle de May. Il la faut lier auec des brins de paille pour la faire blanchir.

L'Endiue est pareillement tres bonne tant en salade que cuitte. Nous en auons de deux sortes, l'vne friseë, & l'autre non : la premiere est la meilleure. Elle se seme au decours de la Lune, & se replante aussi au decours, lors que le froid est passé. Elle se veut lier auec de la paille pour blanchir; & celle que l'on desire garder pour l'Hyuer, il la faut semer tard vers le mois d'Aoust : Puis lors que les geleës commencent a venir la transplanter en du sable dans la serre, prenant bien garde, qu'elle ne soit mouilleë en la reserrant. La meilleure pour cet vsage est la frizeë.

La Bourache, & la Buglosse se sement en la nouuelle Lune de Mars, & est tres bonne, & rafraischissante en potage. Elles portent des petites fleurs bleuës, qui sont fort propres a mettre sur les salades, & sur les tables.

D Kes

Les Espinars, Persil, Cerfueil, & ozeille, se sement en la nouuelle Lune d'Aoust, & Mars; ce qui est semé en Mars grenit au mois d'Aoust: partant on ne s'en peut seruir que jusques au mois de juillet & d'Aoust; mais ce qui est semé en Aoust ne grene point & peut estre propre a s'en seruir en Automne, & mesmes en Hyuer.

Poireë a large coste, ou bette blanche se seme au decours de la Lune de Mars, & se replante aussi au decours de la suiuante. La Pimprenelle se seme en la nouuelle Lune de Mars, ou Auril; comme aussi l'ozeille ronde, corne de cerf, Cresson Alenois, & sarriette.

Le Pourpier est excellent tant en salade, que confit au vinaigre pour l'Hyuer. Il se seme en la nouuelle Lune de Mars, ou Auril en ces quartiers sur couches de fumier pour en auoir de bonne heure, & consecutiuement toutes les nouuelles Lunes on en peut semer, pour en auoir en tout temps.

Quant a la Tripe-madame, Estragon, mente, baulme, coq & petites ciues, elles se peuuent plus tost escharpir, que semer, multipliants grandement en leur racines, elles se transplantent en la pleine Lune de Mars, ou Auril.

Soit icy remarqué que pour semer tost en ces pays froids, il est bon de mettre durant l'Hyuer sur le lieu dedié a semer, deux, ou trois pieds de fumier de cheual nouuellement faict, afin que la chaleur d'iceluy empesche les geleës de penetrer jusqu'a la terre; puis estant releué au printemps, la ditte terre se treuuera en estat de pouuoir semer ce qu'on voudra.

CHAPITRE VII.

De fruicts, & plantes odoriferantes du Iardin de cuisine.

Es fruicts du jardin de cuisine sont Melons, concombres, citrouilles, Artichaux, pois, febues, & autres legumes, desquels le Melon est assez difficille a faire venir en quelques lieux des pays temperez, & par consequent beaucoup plus en ces climats du Nord: partant il en faut auoir vn grand soin, pour en faire croistre de bons; & ce sera par le moyen de couches de long fumier de cheual, que l' on fera d'enuiron trois pieds de haut, & quatre de large, en la superficie desquelles on mettra quatre ou cincq poulces de terreau, ou menu fumier vsé, prenant bien garde, que les dites couches soyent a l' abry du Nord, le plus que faire se pourra, & bien exposeés au Midy, puis lors qu'elles auront passé leur grande chaleur bruslante, (ce qui se reconnoistra trois ou quatre jours apres, en fichant le doigt dedans) on y semera les melons peu auant, dans des petits trous par ordre, & deux grains a chasque trou, & ce au decours de la Lune de Mars, ajustant sur les dites couches des verres, ou vitres pour empescher les vents de leur nuire, ains reçevoir avec plus de force les rayons du Soleil; puis la nuict les couurir de paillassons pour les preseruer de la geleë: & lors qu' ils auront trois ou quatre feuilles, il faudra les replanter sur d'autres couches plus basses que les premieres, & sans menu fumier, labourant le dessous d'icelles, afin que les racines des dicts melons, puissent prendre nourriture de la terre. Ils veulent estre arrousez souuent, mais auparauant il faut que l' eauë soit assaisoneë par les rayons du Soleil, & en les arrouſant ne mouiller pas la feuille , ny le fruict , Puis, quand il ſera beſoing de les reſchauffer, il faudra mettre du fumier nouueau tout a l'entour des dites couches, environ vn pied de large , & vn peu plus haut qu' icelles : En apres il ſera neceſſaire de les tailler , ne leur laiſſant que trois ou quatre bras , c' eſt a dire branches , oſtant touſiours les faulſes fleurs, & la plus grande partie du fruict du bout des branches, afin que celuy qui eſt prez du pied puiſſe proffiter d' auantage , lequel eſt ordinariment le meilleur.

Il ſe fait encor vne autre ſorte de couche pour transplanter les melons, que nous nommons en France, couche ſourde , parce qu' ayant fouy deux ou trois pieds en terre de largeur conuenable , on fait vne forme de trencheë, laquelle ſe remplit de nouueau fumier de cheual, & puis de terre au deſſus , en ſorte que les dites couches ſoyent vn peu eſleueës & en tallue vers le Midy , & apres auoir fait des trous par eſgalle diſtance, on y tranſplante les dits melons, prenant bien garde en les leuant de la premiere couche, de leur eſuenter la racine, ains leur laiſſer vne petite motte , qui la puiſſe conſeruer en ſon premier lieu, autrement noſtre labeur ſeroit vain, & de nul effect.

Les Concombres ſe ſement & ſe replantent en la meſme maniere que les Melons : ils ne ſont pas ſi delicats , ny tendres au mauuais temps : par ainſi on les peut transplanter en plaine terre mettant ſeulement vn peu de fumier au pied, & dedans leur trous. Les Citrouilles ſe cultivent tout de meſme : mais comme leur fruicts ſont fort gros, & peſans, il eſt bon de les appuyer auec des perches pour les ſouſtenir; joint qu' elles occuperoient vn grand terrain. Elles veulent auſſi eſtre arrouſeés ſouuent.

L' Artichaud eſt vn des meilleurs fruicts du jardin de cuiſine. La meilleure eſpece eſt celle qui eſt la moins picquante. Ils ſe ſement ſur couches en nouuelle Lune de Mars , & ſe replantent en pleine, lors qu' ils ont trois a quatre feuilles. Ils demandent vne terre graſe, & bien fumeë , fraiſche , & humide , & force arrouſement. On les peut conſeruer ſur leur terrain en Hyver les entourant de fumier & de terre par deſſus : Mais ils ſeront plus en ſeureté en ces quartiers dans

la

la ſerre, pour au printemps les deſioindre, & ſeparer, puis les transplanter comme dit eſt. Leur coſtes ou cardes ſont tresexcellentes a manger eſtants blanchies, par le moyen du fumier dont on les enuironne l'eſpace de douze ou quinze jours. Ils ſe blanchiſſent auſſi dans la ſerre pour en auoir en Hyuer.

L'Aſperge eſt auſſi excellente, elle ſe ſeme en plaine Lune de Mars, & ſe replante deux ans apres en meſme Lune, & en licts, ou planches bien prepareës, & vn peu baſſes, afin qu'elle puiſſe auoir de la fraiſcheur, & humidité, & dans icelles planches il la faut planter par rangs & eſgalle diſtance d'vn pied l'vne de l'autre. Il n'eſt pas requis qu'elles ayent plus d'un pied & de my de bon fond afin qu'elles puiſſent taler d'auantage, & produire plus de fruict, ne treuuant pas de nourriture ſuffiſſante au fond.

Les pois ſont de diuerſes eſpeces. Les haſtifs ſe ſement en pleine Lune, le pluſtoſt qu'il eſt poſſible, pour en auoir des precoces. Il y a vne eſpece de pois, que l'on nomme ſans goſſe, d'autant qu'elle ſe mange auec le pois dans icelle, & eſt tres bon. Il eſt beſoin que toutes ſortes de pois ſoient ramez.

Les febues ſe plantent au decours de la lune d'Auril & May. Le fenouill doux ſe ſeme en la pleine Lune de Mars, ou d'Auril.

Nous parlerons maintenant des plantes, & arbuſtes tant a fruict, que de bonne odeur. Celles a fruict ſont les groſeliers qui ſe rencontrent de trois eſpeces, ſçauoir celuy qui vient en grappe, lequel eſt blanc, & rouge, & ſont tres bons à confire; le troiziesme rapporte ſon fruict tout au contraire, ſçauoir separé l'vn de l'autre: il eſt fort eſpineux, auſſi ſon fruict n'eſt pas ſi bon que celuy des deux autres eſpeces.

L'eſpine vinette, ou barbaris, eſt fort bonne & propre a confire, comme auſſi a manger crude auec les viandes & ſaulſes. Elle eſt pareillement eſpineuſe; touttesfois ſa feuille eſt tres belle, & par ainſi on en peut planter en paliſſades en quelques endroits dans le iardin de plaiſir; ce que ie ne rouue a propos de faire de meſme pour le regard des groſeliers, ains ſeulement dans le iardin de cuiſine. Tous les ſus dits arbriſſeaux ſe prouignent aiſement, & reprennent fort bien de bouture.

Les

Les arbuſtes de bonne odeur ſont la Lauande, Sauge, Ruë, Roſmarin, Hyſſope, Thym, & Marjolaine, leſquels ſe ſement en nouuelle Lune de Mars ſur couches de fumier ſi l'on veut, pour eſtre pluſtoſt venus, & ils ſe replantent en pleine Lune. Ils reprennent auſſi facilement de bouture & marquote.

CHAPITRE VIII.

Du Iardin a fleurs.

E Jardin a fleurs doit eſtre a part, & requiert vne terre ſablonneuſe, & legere. Il eſt expedient de le ſeparer en deux parties, ſçauoir; l' vne pour les fleurs arbuſtes, comme Roſier; Geneſt d' Eſpaigne, caprifolia, œillets d' Inde, Piuoines, & autres grandes fleurs, leſquelles offuſqueroient les baſſes eſtants meſleës enſemble; & l'autre partie pour les fleurs baſſes, & plus rares, comme œillets, Girofleës doubles, couronnes imperialles, Martagons, Tulipes, Anemones, Ranunculs, auriculs, Iris, & aultres, leſquelles deux parties ſe peuuent encor diuiſer, pour mieux mettre chaſque eſpece a part. Toutesfois on peut bien approprier le dict iardin a fleurs arbuſtes auec les autres: mais il faut qu' elles ſoyent planteës par ordre en quelques endroicts ſeulement pour ſeruir d' ornement, & de bienſeance. Toutes leſquelles fleurs ſe pourront auſſi planter dans les parterres, & autres lieux du iardin de plaiſir, comme il ſera traicté en ſon lieu; mais premierement venons a leur culture, & eſleuation.

Le Roſier eſt grandement diuerſifié en ſes eſpeces: Car il y en a des blancs, rouges, & iaunes, les vns a cent feuilles, d' Hollande, de Damas, Batauië, Muſcat, & autres. Ils ſe plantent en pleine Lune de Mars, ou Auril, & le plus-toſt que l'on peut; ils ſe marquotent, & prouignent en meſmes Lunes, & ils ſe peuuent auſſi greffer en eſcuſſon.

Le

Le Caprifolium , ou Cheure feuillé se plante, & marquotte en la mesme maniere que le rosier, Le Genest d' Espaigne se seme aussi en mesme Lune pour le replanter par ordre ou l'on voudra. Il croist en arbre assez grand' & porte vne fleur jaune tout le long de l' Esté odoriferante.

Les Giroflées se rencontrent de diuerses couleurs, & ont toutes vne tres bonne odeur. Il en vient souuent des doubles, quand la graine est bien choisie, sçauoir du maistre-brein; ils se sement sur couches en pleine Lune, comme aussi les Passe-roses , œillets d' Inde, Tourne sol , & autres telles fleurs, pour les replanter en nouuelle Lune. Et comme la plus part de ces fleurs sont tardiues il est a propos de les semer le plus-tost que faire se peut, & principalement en ces quartiers , autrement a peine pourroient elles auoir le temps de fleurir.

L' œillet est vne fleur tres belle, & tres odoriferante; Il y en a de toutes couleurs, hors-mis noirs , & bleus, la pluspart des quels sont pennachéz. Ils se sement en pleine Lune, en Automne, ou Printemps; prenant garde de choisir la meilleure graine, ainsi qu' aux giroflées. Ils se marquottent, & œilletonnent facilement en nouuelle Lune.

L'auricul ou oreille d' ours est vne des plus belles fleurs basses qui soit, il y en a de toutes couleurs hormis noire & bleuë, elle croist en boucquet sur lequel il se rencontre souuent jusques a cinquante fleurs ensemble & les quelles durent long temps en fleur, on la peut escharpir , d'autant qu'elle multiplië fort en sa racine, elle se seme en la plaine Lune de mars & septembre & est fort long temps a leuer: Il faut obseruer de ne la semer guere auant d'autant que la graine est si deslieë que le trop de terre par dessus la pourroit offusquer Il s' en peut esleuer facilement en ces quartiers comme estant assez robuste au froid , & se plaist en vne terre forte.

L' epatique est encor vne fleur basse a racine , laquelle est belle. Il s'en rencontre de deux especes sçauoir double & simple & de plusieurs couleurs comme blanche, bleuë, & coulombine, elle multiplië encor plus en sa racine que l'oreille d' ours & est pareillemant fort robuste aux injures du Temps

Il y a des fleurs que nous nommons tubereuses, & bulbeuses. Entre les tubereuses sont les piuoines, flambes, iris, & autres, lesquelles ont leur cayeulx, annexez a costé de leur bulbes, ou oignons. Ces deux especes de fleurs se doiuent planter en nouuelle Lune, au mois d'Octobre. Toutesfois en ces quartiers, les plus delicates, comme (Anemosnes, Ranunculs, & iris) coureroient risque d' estre d'estre gasteës par les rigueurs de l'Hyuer, c'est pourquoy il faut attendre jusqu'au Printemps pour les planter. Quant aux Tulipes elles se peuuent planter au sus dit temps d'Octobre, comme estans plus robustes, quoy qu'elles se peuuent garder jusqu'au Printemps, non toutefois sans estre en danger d'estre la plus part gasteés.

Toutes les sus dites fleurs se doiuent semer en pleine Lune du mois d'Aoust dans des pots, ou quaisses, & aussi en la pleine Lune de Mars. Il les faut laisser en terre deux ans auant que de les replanter, puis tous les ans les leuer a la fin du mois d'Aoust, & les nettoyer deüement pour les replanter au dict temps. L'Anemone fleurit au bout de deux ans, & pour en auoir des fleurs long-temps, il en faut planter tous les mois, les conseruant de la rigueur du froid, comme aussi de la trop grande ardeur du soleil.

La Tulipe ne produit sa fleur que cinq ans apres auoir este semeé: & tant les Tulipes, que les Anemones sont tresagreables a la veüe, & les plus exquises de toutes les fleurs, a cause de leur grande varieté en couleurs. Mais les Tulipes surpassent de beaucoup en beauté, & rareté les Anemones, par leur admirables pennaches, & bigarrures en vne infinité de couleurs, comme blanche, pourpre & bleuë, incarnate, & blanche, rouge & iaune, & plusieurs autres diuerses couleurs, jusques a cincq ou six sur vne mesme fleur : ce qui les faict estimer des curieux par dessus toutes les autres fleurs. Elles multiplient fort en cayeuls, c'est a dire petites bulbes, qu'elles produisent presque tous les ans en leur racines, & oignons.

Il y a encores d'autres sortes de fleurs, comme Couronnes imperialles, Martagons, Lys blancs, & iaunes, fritillairs, Hiacinthes blanches, & bleuës, crocus, & plusieurs autres, toutes lesquelles se sement & plantent comme cy dessus. En oultre il y a encores plusieurs especes de petits simples & fleurs, Comme la cammomille, Muguet, Marguerite, Primavers, & autres, lesquelles sont propres dans le iardin de plaisir, y estants planteës par ordre comme il appartient; car elles font differentes verdures, & fleurs. Quant aux autres fleurs, & simples qui se rencontrent en nombre infiny, les Arboristes en pourront donner plus d'intelligence que moy, mon intention n'estant pas de s'estendre plus auant que pour ce, qui est le plus vtile au iardin de plaisir.

CHA-

CHAPITRE IX.

Des Arbres sauuages.

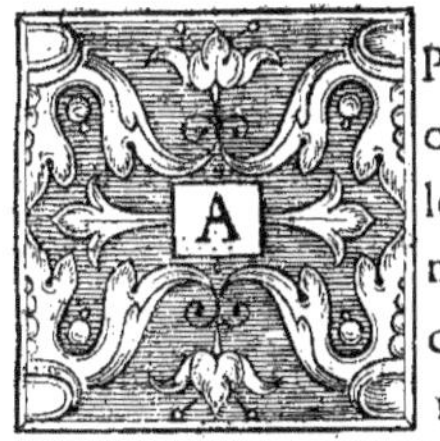

APres auoir traicté jusques icy en partie de ce qui peut conuenir au iardin de plaisir, & notamment touchant les arbres fruictiers, herbes, & fleurs, nous parlerons maintenant des arbres sauuages, dont il s'en rencontre de deux especes generalles, sçauoir l' vne qui ne retient sa feuille en Hyuer, & l' autre qui la conserue tousiours verde malgre les rigueurs de l' Hyuer.

Entre la premiere espece le Chesne est le plus beau & vtil, tant a cause de son bois propre a toute, sorte de charpenterie, que de sa longue dureë. Il fait naturellement vn piuot en sa racine, lequel entre dans la terre, jusqu a ce qu'il y rencontre resistence par le tuf, glaize, ou roche, & lors ses racines s' estendent au long & au large entre deux terres spacieusement. Mais comme il est de longue dureë, aussi est il fort long a venir & croistre; c' est pourquoy nous ne nous en seruirons point aux alleës de plaisir, ains les planterons a part pour faire chesnaye, ou bois de haute fustaye. Or comme il est difficile a reprendre, il faut estre soigneux en l' arrachant de ne rompre, ny esclater le dit piuot de sa racine, & pour cet effect il les faut choisir jeunes de la grosseur de deux doigts, & les planter pres apres, afin qu'ils croissent hauts & ne les couper par le faiste. Ils viennent plus seurement estans semez, mais il en faut cueillir le gland au mois de Nouembre, & Decembre, puis les mettre bien proprement par licts les vns sur les autres, auec du sable dans la serre, jusqu' au mois de Mars, & les planter en nouuelle Lune: Pour se seruir de son bois en charpenterie il faut le couper en decours de Lune, autrement il seroit subiect aux vers.

Le Chastaignier n'est pas si difficile a venir, a cause de sa grande seve, aussi n'est il pas de si longue dureë, ny son bois si propre a bastir; ains est meilleur a faire des cerceaux, estant coupé en decours de Lune. Il est plus propre a faire alleës & aduenuës que le chesne, venant assez viste; Son fueillage est fort beau, & grand : Il se seme aussi comme le gland.

Le Teilleul est encor plus beau pour planter des alleës, parce qu'il croist esgallement en pyramide, & n'est pas suiect aux vermines. Si on en veut planter, il le faut choisir bien droit & de belle venuë de la grosseur du poignet, & qui soit de brain, c'est a dire de graine, ou marquotte, & non sur souche. Mais pour cet effect il en faudroit faire pepiniere, en semant sa graine en bonne terre bien laboureë en nouuelle Lune de Mars, & en la maniere que nous auons dit au Chapitre de la pepiniere. Ils se peuuent aussi prouigner les couchant en terre tout de leur long, & laissant hors seulement les petites branches du tronc de l'arbre, lesquelles prendront racines facilement. Cette maniere d'operation se doit practiquer en Automne, ou le plus-tost qu'il sera possible au Printemps, & en nouuelle Lune; Mais quoy que cette maniere soit bien prompte, & facille, neantmoins leur racines n'auront iamais si bonne cheuelure que celles de graine; & ainsi generallement se doit entendre de tous les autres arbres.

L'Orme, ou ormeau vient encor plus promptement, que le Teilleul, & est plus facile a reprendre. La meilleure espece pour les alleës du jardin de plaisir est la femelle, laquelle a la feuille plus grande & plus large que le masle, & vient aussi plus viste. Il faut prendre garde de ne le planter aux enuirons des arbres fruictiers, d'autant que sa racine prend toute la nourriture de la terre circomuoisine. Il se nomme Ipro, ou Ipreau, mot qui est deriué d'vne place en Flandres, ou on en esleue en grande quantité. Il se seme, & prouigne en mesme façon que le teilleul.

Le sicomore est vn arbre qui croist encor plus viste que l'orme, & en abondance : mais il est de peu d'vtilité, & plaisir, estant suiect a toute sorte de vermines, comme moucherons, hannetons, & chenilles; qui plus est il iette sa feuille des premiers; Toutesfois on en peut planter en quelques endroits du jardin de plaisir pour diuersifier.

Le Hestre, & charme sont fort propres pour faire pallissades, car ils ont les feuilles tres belles & luisantes, & ne se degarnissent au pied; ce qui est du tout requis aux pallissades du iardin de plaisir. Il les faut tous les ans entre-

entretenir, & tondre comme il appartient, & ainsi ils croistront merueilleusement belles, & hautes,

Le Troësne, ou Ligustrum, est aussi beau en pallissades moyennes, mais de peu de dureë a cause qu' il s' espesit fort, & se pourrit, c'est pourquoy il requiert d'autant plus de soin d' estre taillé souuent, pour luy oster son vieil bois.

L' Espine blanche est encor belle en pallissadés moyennes; mais elle a ce defaut qu'elle attirë sur elle ordinairement le venin, par lequel ses feuilles demeurent quelques fois tout le long de l'Esté broüiës, & pleines de chenilles; ce qui la rend fort desfagreable: il est bon neantmoins d'en planter dans les bosquets, par ce que le Rossignol se plait extremement ou elle se rencontre.

Il y a vne infinite d' autres especes d'arbres sauuages, desquels nous ne ferons mention, comme n'estant pas si propres, & vtiles a la decoration du iardin de plaisir; partant nous parlerons maintenant des arbres verds, lesquels sont ausi de diuerses especes.

Le Sapin est le plus exquis, seruant a beaucoup d' vsages, & est grandement vtile, & necessaire tant a bastir, qu' a faire maz de nauires, & plusieurs autres commoditez. De plus la vermine ne s'y engendre point; sa culture est fort difficile: car si on l' arrache pour le replanter a moins qu' il ne soit leué adextrement auec sa motte, il sechera, & mourra; pour a quoy remedier il le faut leuer fort petit, & jeune. Il se peut semer dans des pots ou quaisses en la nouuelle Lune de Mars, pour le replanter l'annee d' apres ou l'on voudra. Il s' en rencontre de diuerses especes en ces quartiers; & ce qui semble estrange, & digne d'admiration est, qu'ils viennent à merueilles, mesme au plus haut des rochers, ou n'y a presque de terre; leurs racines penetrant jusques au dedans des dits rochers, d'ou ils attirent comme par force, & violence la plus grande partie de leur nourriture.

Le Geneure est aussi fort commun en ces pays, & est autant difficile a reprendre que le sapin, a moins que d' estre leué semblablement en sa motte; il peut venir facilement de semence, qui est le plus asseuré.

Le Houx est vn arbre verd qui a sa feuille fort luisante, & autour d'icelle des piquants espineux. Il est dur aux injures du temps. Neantmoins il ne s' en rencontre en Suede; il est moins difficile a reprendre que les precedents, pouuant estre transplanté sans motte, pourueu qu' il soit jeune.

 Pareil-

Pareillement il vient fort bien de semence, laquelle est tres belle sur son arbre en forme de grappe, & de couleur naccara. L' oranger se peut greffer dessus, pour le rendre plus robuste.

Le Büis est aussi vn arbre tousiours verd, lequel est propre tant en pallissades, qu' aux parterres. Il y en a de deux especes, sçauoir l' vne que nous appellons gros-büis ou buis de bois, & l' autre, büis-nain. Le premier croist en arbre assez haut, mais est fort long en sa croissance, & plus qu' aucun autre arbre. Il est robuste, & fort dur contre les injures du temps. Il se coupe, & se tond, tant & si court, & en telle forme, & façon que l'on veut sans mourir; ce qui est contre le naturel des autres arbres : & partant nous nous en seruirons aux parterres plus-tost que du büis-nain, lequel est beaucoup plus tendre au mauuais temps, & a la tonte, & coupe, se despouille & vient a mourir le plus souuent; aussi n' est il pas de dureë comme le gros-büis, a raison dequoy celuy cy, sera plus propre aux parterres en broderie; comme nous dirons en son lieu. Le Büis-nain ne croist iamais plus haut de deux pieds, ou vne aulne de ce pays.

Le Cypres est encor vn tres beau, & curieux arbre verd, sa forme est pyramidaile, & ses branches croissent depuis la terre fort touffueës tousiours en amoindrissant vers le haut. Il se peut couper, & tondre comme on veut, faisant vn tres bel ornement estant planté par ordre dans le iardin de plaisir. En France il n'est besoin de le conseruer contre le froid; mais icy est bon de mettre force fueilles seches, lors qu' elles tombent des arbres, tout autour de sa racine, pour empescher la geleë de penetrer, comme aussi le bien entortiller de paille jusques au haut. Il ne vient pas autrement que de semence, & veut estre transplanté auec sa motte tenante a sa racine.

Il y a encor quantité d' autres arbres verds, comme Philirias, Alathernes, Lauriers tains, Chesne-verds, & autres, lesquels sonst fort propres dans les bosquets, & iardins de plaisir, & qui ne sont pas si difficiles a reprendre que les precedens, & viennent assez promptement tant de marquotte que de graine. Ils souffrent aisement l' Hyuer en France vers Paris sans estre mis dans la serre, & mesme on en fait des palissades tres belles dans les iardins; mais en ces pays froids il sera necessaire de les conseruer en Hyuer dans l' orangerie:

CHAPITRE X.

Des Orangers, Citroniers, Grenadiers, Myrthes, Iassemins d' Espaigne, & autres arbres rares.

Maintenant pour clorre & conclure cet abbregé d' Agriculture, il nous reste a traicter briefuement des Orangers, & autres arbres rares pour l' ornement du iardin de plaisir, Premierement il y a de deux especes generalles d' Orangers, sçauoir grands, & nains : les derniers sont propres a mettre dans des pots ou vases, afin de les pouuoir transporter dans les chambres, sur les tables, & ou l' on voudra ; d' autant qu' ils sont ordinairement tous pleins de fleurs, mais leur fruict est fort petit : Quand aux grands, il y en a de plusieurs especes particulieres, comme ausi des Citronniers, mais nous ne parlerons icy que de l' oranger en general, lequel est fort tendre au froid,& ne se plaist que dedans la chaleur : c' est pourquoy en ces pays du Nord, il conuient en auoir beaucoup plus de soin qu' en France, & de fait vers Paris il n' est besoin que d' vne orangerie pour l' Hyuer ; mais icy il est necessaire d' en auoir aussi vne d' Esté, a cause qu' en quelque temps que ce soit en ces quartiers, lors que le vent du Nord soufle, s' ils ne sont a l' abry, & souuentes-fois a couuert, ils courent risque d' estre gastez.

Il sera donc a propos de bastir l' orangerie d' Esté de charpenterie en forme de gallerie, & bien exposeë au Sud, laquelle se puisse decouurir par le beau temps, afin qu' ils reçoiuent les pluyes douces & fraischeurs des nuicts estiualles : la ditte gallerie doit estre bien airieë du costé

du

du ſud par grandes feneſtres, les quelles on pourra fermer auec des chaſsis de papier huillé au mauuais temps, & ouurir quand il fera beau. Ce faiſant on les pourra tirer de l' orangerie d' Hyuer au commencement du mois d' Auril, pour les mettre auec ordre dans celle d' Eſté ; afin qu' ils puiſſent auoir plus d' air, & les y laiſſer jusques a ce que l' on s' apperçoiue qu' il y puiſſe geler.

Quant a l' orangerie d' Hyuer il eſt bon de la conſtruire proche, & ioignante celle d' Eſté, en ſorte que du coſte du Nord elle ſoit vn peu enterreë, & vers le ſud perceë, de feneſtres baſſes pour donner de l'air aux arbres, lors qu'il ne gelera pas ; car le plus d' air que l'on leur peut donner, eſt le meilleur : de peur que l' Humedite ne s' y engendre, laquelle leur eſt fort contraire, & repugnante. puis dans icelle orangerie on mettra vn ou deux poiles pour y faire du feu moderement, car la trop grande chaleur leur pourroit faire tomber la feuille : Cette modereë chaleur ne ſeruira que pour preſeruer les arbres tant de la geleé, que d' vne trop grande humidité, & par ainſi ils ſe pourront conſeruer touſiours beaux, & verds portans fleur, & fruict.

Les Orangers & Citronniers ſe greffent facilement en eſcuſſon, approche, & fente en la maniere que les autres arbres. Mais ils ſe doiuent planter tous dans des quaiſses pour les mieux conſeruer, & tranſporter de lieu a aultre ; ie dy quand a ces quartiers du Nord ; car quant aux pays chauds, ou temperez ils ſe peuuent planter en plaine terre, & en expailler les contregardant des geleës ſeulement, par le moyen de noſtre ſus-dite orangerie d' Eſté.

Le Grenadier doit eſtre conſerue de meſme façon, quoy qu'il ne ſoit pas ſi tendre, ny ſi delicat que l' oranger. Toutesfois il ne peut pas ſouffrir les rigueurs de l' Hyuer en France vers Paris a moins que d'eſtre mis dans la ſerre, ou bien en expailler, éſtant bien couuert de paille au long de l' Hyuer ; partant en ces climats froids il n' y pourroit réüſſir ſans eſtre ſerré. Il ne retient ſes feuilles en Hyuer, & ſe diſtingue en deux eſpeces, ſçauoir a fruict, & a fleur double ; celuy cy ne porte pas de fruict, ains vne tres belle fleur de couleur naccarat, celuy a fruict a ſa fleur de meſme couleur, mais ſimple. Il ſe greffe en fente, & approche.

Le Jaſſemin ſe rencontre de diuerſes eſpeces, dont celuy que l'on nomme d' Eſpaigne eſt le plus eſtimé, a cauſe de ſa fleur ample & odoriferante: Il ſe conſerue en meſme maniere que l' oranger. Sa pleine fleur eſt ſur le

declin

declin de l' Esté. Le jassemin commun est plus robuste & fleurit le long de l' Esté, mais sa fleur est moins odoriferante, & plus petite. Celuy de Portugal, ou des Indes, est tres beau, & rare d' autant qu'il tient sa fueille tousiours verde & laquelle est tres belle. Il fleurit abondamment durant l' Esté. Sa fleur est jaune, & fort odoriferante, mais petite. Tous les dits jassemins se greffent en fente, approche, & escusson.

Les Myrthes sont pareillement tres rares, curieux, de bonne odeur, & tousiours verds. Il y en a de deux especes, dont l' vne est masle, & l' autre femelle, lesquelles portent vne petite fleur blanche, presque comme l' espine blanche. Ils se prouignent & marquottent facilement, comme aussi se greffent en fente, & approche.

Quant aux Lauriers il y en a de plusieurs sortes comme Laurier commun, Laurier-tin, Laurier-rose, blanc, & rouge, & Laurier-cerisier, qui a la fueille grande & luisante. Celuy cy se reprent aisement de bouture, & tous les autres se marquottent facilement.

Le figuier se peut aussi en semblable façon conseruer en ces quartiers, & y rapporter son fruict en maturité. Il se marquotte, & reprend fort bien de bouture, le dit figuier comme aussi les dits Lauriers (hors-mis le Laurier-rose) ne se mettent point dans l' orangerie en France, ains en expailler seulement. Mais icy il est necessaire qu' ils y soient, autrement ils periroient en Hyuer.

Il faut remarquer que tous les sus dits arbres en quaisses, doiuent estre renouuellez de terre de trois a quatre anneës au plus; & pour cet effect il faut preparer de la terre qui leur soit propre, sçauoir en faisant amas de fiente de pigeon, de dain, & mouton, & mesler parmy de la terre vn peu forte, & argilleuse; puis il faut mettre le tout ensemble dans vn trou, lequel apres auoir recouuert de terre, on y laisera le dit meslange consumer l' espace de deux, ou trois ans, & lors on sera asseuré d' auoir vn terrau bien assaisonné, & fort propre pour les sus dits arbres rares, parmy lequel est bon encore de mesler de la terre d' esgout, c' est a dire de fossez par lesquels se deschargent les immondices de la ville.

CHAPITRE XI.

Des ornements du jardin de plaisir.

Yant traicté en bref du cult des terres, arbres fruictiers, herbages, & fleurs, faisant partie du jardin de plaisir, il nous reste a considerer maintenant, en quelle maniere, nous luy pourrons donner son ornement requis pour paroistre tant plus aggreable, & diuertissant au Prince, & Monarque. Pour lequel effect nous y ordonnerons les parterres, bosquets, arbres, palissades, & alleës diuerses, comme aussi les fontaines, grottes, statuës, perspectiues, & autres tels ornemens, sans lesquels le dict jardin de plaisir ne peut estre parfait; neantmoins il est tres euident que toutes ces choses confuses, & mal appropriееs ne font pas vn trop bel effect, c' est pourquoy nous essayerons a les disposer chacunes en leur lieu, suiuans l' ordre que l' experience nous a appris, dont les desseins suiuans peuuent donner intelligence.

Premierement nous disons que la Maison Royalle doit estre situeë en vn lieu auantageux, pour la pouuoir orner de toutes les choses requises a son embellissemens; dont la premiere est, d' y pouuoir planter vne grande aduenuë a double, ou triple rang soit d' ormes femmelles, ou Teilleux (qui sont les deux especes d' arbres, que nous estimons plus propres a cet effect) laquelle doit estre tiree d' allignement perpendiculaire a la face du deuant de la Maison, au commencement de laquelle soit fait vn grand demy cercle, ou quarré ainsi qu' il se peut voir au dessein general fol: 2 Puis a la face de derriere de la ditte Maison doiuent estre construits les parterres en Broderie prez d' icelle, afin d' estre regardez & considerez facilement par les fenestres, sans aucun obstacle d' arbres, pallissades, ou autre

tre

tre chose haute qui puisse empescher l' œil d' auoir son estenduë.

En suitte des dits parterres en Broderie, se placeront les parterres, ou compartimens de gazon, comme aussi les bosquets, alleës, & pallissades hautes, & basses, en leur lieux conuenables; faisant en sorte que la plus-part des dites alleës aboutissent, & se terminent tousiours a quelque statuë, ou centre de fontaine; & aux extremitez d' icelles alleës y poser des belles perspectiues peintes sur toile, afin de les pouuoir oster des injures du temps quand on voudra. Et pour perfectionner l' œuure soit place les statuës sur leurs piedestaux, & les grottes bastiës en leurs lieux plus conuenables. Puis esleuer les alleës en terraces suiuant la commodité du lieu, sans y oublier les volieres, fontaines, iets d' eau, canaux, & autres tels ornemens, lesquels estans deüement practiquez, chacun en leur lieu, forment le iardin de plaisir parfait.

Maintenant nous donnerons quelque intelligence touchant les desseins suiuants, afin de les pouuoir executer comme il appartient, chacun en leur proportion requise, & pour cet effect est a noter premierement que les parterres les plus esloignez de la veüë doiuent estre mis en plus grand volume, que ceux qui en sont plus proches, pour paroistre plus aggreables a l' œil, & mieux proportionnez. Pour venir donc a l' execution d'iceux, nous leur donnerons vne commune mesure, laquelle se nomme en France Toise, & de laquelle tous les Artistes se seruent communement, estant differente de celle des Marchands qui est l' aulne. Or icelle Toise est diuiseë en six parties esgalles, que l' on nomme piedz de Roy; & iceux piedz diuisës en douze parties esgalles, que l'on nomme poulces, lesquels poulces sont subdiuizes en autres douze parties esgalles que l' on nomme Lignes: La sus dite Toise fait trois aulnes de Suede, & cincq a six poulces de plus, c' est a dire que la demye aulne ou pied de ce pays fait enuiron onze poulces en France.

Il sera donc facile (la mesure susnommeë estant bien entenduë) de reduire sur terre tous nos desseins en leur proportion requise; & pour plus grande facilité aux moins experts dans la decoration des iardins, nous ferons sur chasque dessein vn article en ce mesme Chapitre.

Premierement.

Le 1. dessein est vn plan general, pour construire sur le derriere de quelque grand Palais, ou Maison de plaisance, lequel est d' enuiron. 310. Toises de long, sur 220. de large, qui est la proportion requise ordinairement a tous Iardins, scauoir $\frac{1}{3}$ plus long, que large, ou plus, afin que

toutes

toutes les separations qui se pourront faire en iceux, puissent auoir forme de parallelogramme, ainsi qu' il se peut voir en nostre plan posterieur, horsmis les parterres que nous auons faits quarrez, a cause de leurs allëes, ou croizeës d' angle en angle. Les dits parterres sont de 60. Toises en quarré dans œuure, & leurs allees de 4. lesquels nous auons mis en plus grand que sur nostre dit plan, afin d, estre plus facille a les comprendre, & executer sur terre : & sont mis en suite des deux plans generaux fol. 3. & 4. Le 1. est le parterre en Broderie. Le 2. le compartiment de gazon, auquel les 4. demyes oualles sont en dehors; ce que nous auons fait pour diuersifier, afin qu' il puisse seruir a mettre seul en quelque autre endroict. On peut faire les dictes oualles en dedans pour accorder au parterre en Broderie, & ce en ostant les quatre fontaines des 4. triangles d' iceluy, puis au centre d' icelles demyes oualles y poser les statues sur leur piedestaux. Apres les dits parterres suiuent les bosquets, plans d' arbres, & prairies, au milieu desquels l' on pourra faire des pauillons de charpenterie, pour se mettre a couuert; & s' il y a moyen, faire pareillement tout au tour de nostre œuure des canaux de dix toises de large, dont les alles des costéz d' iceux soient deux, ou trois pieds plus basses, que les autres, & l' eau presque au niueau d' icelles, auec des degrez a chasque rencontre des allees capitales y abboutissantes, *lesqueles doi*uent estre plantees a double rang, accompagnees d' vne pallissade de charme au dernier rang, qui ne soit plus haute que deux a trois pieds; quoy que pour diuersifier, on peut en quealques lieux conuenables la laisser croistre haute, pourueu que la symmetrie y soit obseruëe. Puis soit construit le demy cercle au bout; le tout selon la mesure de nostre sus-dit *plan ge*neral.

Le 2. dessein est vn autre plan general, mais moindre que le precedent, contenant enuiron 200. toises de long, sur 150. de large; le Chasteau estant enuironné d'eau comme aussi l' aire, ou superficie de nostre dit lieu si faire se peut, auec la demye Lune, & grande aduenüe au deuant d' iceluy. Au derriere duquel on peut faire le parterre en Broderie fol. 5. & a ses costez l' on peut ajuster les bosquets descrits sur nostre 1. dessein. De plus aux costez du Chasteau l' on peut faire le parterre en Broderie, & compartiment de gazon fol. 16. & 24. ou bien au lieu des dits parterres, on pourra mettre a l' vn des dits costez les orangers, myrthes, jassemins d' Espaigne, & autres arbres rares, & a l' autre les flenrs rares, & quelques

autres

autres petits arbrisseaux tousiours verds, & mis par ordre en compartiment, qui corresponde au dessein des bosquets, pour obseruer la Symmetrie requise a la construction de toute œuure, y adioustant les fontaines, & statuës en leur lieux propres. Puis au bout du grand parterre sont trois allеёs tendentes a mesme centre, lesquelles doiuent estre planteës de charme, pour faire hautes pallissades ; & a six pieds d' icelles sont marquez les lieux pour planter des Cypres d' espace en espace, ou quelques autres beaux arbres bien faits, & bien choisis, comme sapins ; car quoy qu' ils soient communs en ces pays, neantmoins estans plantez dans les iardins en lieux conuenables, & entretenus comme il appartient, il est evident, qu' ils feront vn tres bel effect. Et dans les separations que font les dites alleës, l'on peut planter des arbres fruictiers, ou bien en faire potager, dont les dittes pallissades hautes pourront empescher la deformitè : car autrement nous n' approuvons pas que le iardin de plaisir soit interrompu d'herbages, ny d' arbres fruictiers, a moins qu' ils ne soient plantez en expailler ; mais bien d' en faire vn iardin a part. Reste a dire que la ceincture de nostre plan posterieur, est vne grande alleë double auec sa demye Lune ou ovalle, du milieu de laquelle sort encor vne grande alleë en forme d' aduenuë pour correspondre a celle du deuant du Chasteau, le tout entouré d' eau qui se communique l' vne a l' autre, & ainsi qu'il se peut voir sur nostre dit plan : car nous estimons l' eau estre vn des principaux ornemens du iardin de plaisir.

Il nous reste maintenant a parler des parterres, bosquets, & dedalles, chacun en son particulier, & premierement des parterres en Broderie, & compartimens de gazon dont nous remarquons qu' il n' y a aucun arbrisseau plus propre que le büis pour la construction d' iceux, parce qu' il est tousiours verd, & qu' estant soigneusement entretenu, & tondu, il ne croist pas plus haut que de 4. a 5. poulces en 20. anneës ; ce qui est requis a nos dits parterres, afin de pouuoir estre veus & considerez des fenestres auec plus de contentement. Or il y a comme nous auons dit au chapitre des arbres verds de trois especes de Büis : sçauoir gros büis, büis nain, & encore d' vne autre espece, entre les deux sus dites : mais si faire se peut, nous nous seruirons de gros büis, d' autant qu' il est plus robuste, & endure la tonte plus facillement ; & quoy qu' en le laissant croistre il puisse auec le temps venir fort haut, si est-ce qu' estant souuent tondu, il se peut tenir encore plus bas que le nain mesme. C' est pourquoy nous nous arresterons au gros büis, & notamment quant aux parterres en Broderie ;

Car pour les compartimens de gazon, & autres ou les traits ne se ioignent pas comme en la Broderie, & desquels la bordure doit estre plus espaisse, le büis nain y peut seruir, quoy qu'au besoin on puisse se seruir de tous les deux, mais separement, & non messez ensemble.

Derechef par faute de büis, on se peut seruir en ces quartiers de Suede d' vne autre espece de verdure, qui se nomme en Suedois *Liong-ris*, & qui a la fueille fort approchante a celle du büis, estant encore plus robuste au froid, & iniures du temps. Il se trouue, & croist en grande abondance dans tous les bois de ce pays.

Ce que dessus estant consideré nous poursuiurons a traiter de nos desseins, chacun en son particulier, dont le 6. est vn parterre en Broderie d' enuiron 42. toises en quarré, les plattes bandes du pourtour des quarréz de 6. pieds de large pour mettre des fleurs basses; & a chasque angle externe des dits quarréz est descrit vn quart de cercle, au centre duquel se doit poser vne figure, La fontaine est de 7. toises de diametre; Nous auons fait, & executé le sus-dit parterre en cette ville de Stockholme deuant le Palais de la Ser.me Reine Mere.

Le 7. est vn autre parterre en Broderie d' enuiron 47. toises en quarre dans œuure. Sa fontaine est de 8. en diametre; les croizeës, & alleës du pourtour de 4. & les plates bandes de 6. pieds avec des qu'areaux de pierre d' espace en espace, propres pour y poser des pots; ou vases pleins de fleurs, & entre iceux du gazon. Nous n' auons pas marqué sur ce present dessein les alleës du pourtour, comme aussi a plusieurs autres pour euiter confusion, ce qui se doit entendre, & supposer a tous parterres, ainsi qu' on peut remarquer sur nos plans generaux precedens.

Le 8. dessein est aussi vn parterre en Broderie de 40. toises en quarre dans œuure; sa fontaine en octogonne de 7. toises en diametre; les plattes-bandes de 6. pieds auec les quarts de cercle aux angles du milieu: aux centres desquels sont marquez les 8. piedestaux, pour y poser des figures. Et au milieu des dites plattes-bandes on y peut planter par espaces des petits arbrisseaux tousiours verds, & bien tondus, les vns en globes, & les autres en pyramides, entre lesquels on peut, planter toute sorte de fleurs basses, comme Tulipes, Anemones, Ranuncules & autres.

Le dessein 9. est encor vn dessein en Broderie d' enuiron 36. toises en quarrè dans œuure, auecque vne demye Lune au bout, partie en Broderie, & partie compartiment de gazon: Les plattes-bandes sont de 6. pieds de large, auec vne espace de gazon dans le milieu. L' ouvrage de ce dessein

est

eſt en grand, pour eſtre veu de loing; & en cas qu'on le voulut faire plus prez de l' œil, il le faudroit reduire en plus petit, & y adjouſter du trauail.

Le 10 Deſſein eſt vn autre parterre en Broderie de. 28. toiſes en quarré dans œuures. La fontaine de 4 ½. de diametre: ſa platte-bande ſe peut faire de 5, pieds de large, auec des fleurs baſſes dans le milieu d'icelle, & vn filet de gazon dans le grand trait de la broderie; puis les 8. piedeſtaux annexèz a iceluy pour y mettre des figures.

Le 11. Deſſein eſt auſsi vn parterre en Broderie, contenant 30. toiſes en quarré, y compriſes les alleës du pourtour. Les plattes-bandes ſont de 4. pieds de large, orneës comme au deſſein 7. & au bout d' iceluy parterre eſt deſcritte vne demye ovalle, dont le dedans doit eſtre gazonné, & planté a l'entour de cypres, ou autres arbres verds : Et ſi le dit parterre eſt entouré de murailles on peut planter contre icelles, des arbres fruictiers en expailler. Il eſt propre a eſtre fait dans vne ville, ou l'on ne peut s' eſtendre beaucoup.

Le 12. Deſſein eſt encore vn parterre en Broderie, mais berlong, contenant enuiron 40. toiſes de large dans œuure, ſur 43. de long. Sa fontaine au bout d' iceluy de 10. toiſes de diametre : Et au milieu du parterre vne octogonne de gazon, vn peu esleueë, pour y pouuoir mettre au centre d'icelle vne figure, comme auſsi a tous les angles externes, & vne eſpace de gazon dans le milieu de la platte-bande, ainſi qu' il eſt deſcrit ſur noſtre dit deſſein.

Le 13. eſt encor vn Deſſein berlong, mais different du precedent, a cauſe qu' il doit eſtre veü ſur ſon coſte plus large : Il contient 50. toiſes en face, ſur 40. de fond. Sa fontaine 7½. de diametre; Les plattes-bandes 6. pieds garniës de toute ſorte de fleurs baſſes, & le grand traict, ou maſsif de gazon.

Le 14. eſt vn autre Deſſein berlong, contenant 45. toiſes de long, ſur 33. de large dans œuure, au milieu duquel on peut faire vne octogonne, ou cercle de gazon pour poſer au centre d' iceluy vne figure, comme auſſi aux quattre angles capitaux. Les Plattes-bandes, & grands traits ſont de 6. pieds de large, auec vn filet de gazon au milieu. Ce preſent parterre ſe peut faire en telle veüe que l'on voudra, ſçauoir ſur ſa longueur, ou largeur.

Le 15. eſt pareillement vn Deſſein berlong en broderie, mais ſans alleës trauerſantes. Il eſt de 30. toiſes dans œuures de large, ſur 40. de long : Les plattes-bandes de 6. pieds, comme auſsi le grand trait, ou maſsif; & dans le milieu vne petite eſpace de gazon.

Le 16. eſt auſsi vn parterre oblong en Broderie, ſans eſtre coupé par alleës trauerſantes, lequel contient 40. toiſes de long, y compriſes les alleës du pourtour

pourtour, sur 33 de large, au milieu duquel on y peut faire vne fontaine, & poser aux quatre angles externes des figures sur leur piedestaux : La platte-bande est de 6. pieds de large, auec vne espace de gazon au milieu. Ce Dessein se peut construire en veuë de large, ou de long, toutesfois il sera plus aggreable d'estre veu sur son plus grand coste.

Le 17. est vne espece de frize, laquelle on peut continuer si longue que l'on voudra : elle est de douze toises de large, partie broderie ; & compartiments de gazon, & fleurs.

Le 18. & 19. sont deux petits parterres en Broderie, auec leur plattes-bandes gazonneës. On peut mettre au plus grand vne petite statuë en face, Il est de 6. toises de large sur enuiron $9\frac{1}{2}$ de long. Le plus petit contient 10. de face sur enuiron $4\frac{1}{2}$ de profondeur.

Voila quant a nos desseins & parterres en Broderie, il nous reste seulement a donner quelque intelligence aux moins vsitez en iceux, pour leur execution sur terre. Ce qui se fait par le moyen de plusieurs Lignes droites tireës tant sur le papier que sur terre, proportionellement, & s'entre coupantes l'vne l'autre, pour faire mailles, ou quarréz espacez de 6. pieds en 6. pieds aux petits, & moyens desseins, mais de 9. en 9. aux plus grands, pour esviter confusion, & remarquant l'endroit ou chasque fueillage coupe les dites mailles, ou Lignes, il en faut rapporter la mesure exacte sur terre, ainsi on pourra facillement venir a la construction des dits parterres.

Les compartimens de gazon & fleurs font vn tres bel effect estans veus, & regardez vn peu de loin, & aussi entretenus curieusement ; car si le gazon n'est fauché souuent, l'herbe se gaste, & n'est plus agreable a l'œil: c'est pourquoy il la faut faucher pour le moins toutes les sepmaines, & la battre, ou bien rouler souuent auec des rouleaux de bois & de pierre, comme on fait en Angleterre les plattes bandes, & bouloirs de gazon qui sont dans les iardins. Ce faisant ils seront fort aggreables, ausquels les fleurs basses seront aussi meslees par ordre, & ainsi qu'il est marqué sur nos dits Desseins. Il est a noter qu'il faut choisir vne espece de gazon, ou il n'y ait aucunes mauuaises herbes, ni racines entremesleës, ains vne vraye herbe que le mouton paist ordinairement : On peut aussi entremesler de plusieurs sortes de verds outre le gazon, comme ; petits œillets, statice camomille & autres telles plantes baces les-quelles donneront par leurs differents verds, vne decoration tres agreable.

Ce que dessus estant obserué, nous parlerons distinctement de chasque dessein en particulier, dont le 1. est de 60. toises dans œuures en quarré

quarré: Les allees trauersantes d' angle en angles, auec sa fontaine au milieu de 8. toises de diametre; & 4. autres fontaines moindres aux quatre triangles; Le tout ainsi qu'il est descrit en nostre dessein, lequel est mis au commencement de nos parterres en Broderie, fol. 4. comme estant destiné pour seruir a nostre grand plan general.

Le 2. Compartiment de gazon fol. 19. contient 40. toises en quarré dans œuures. Sa fontaine 7½ de diametre, & les 24. statuës poseës sur leur piedestaux, & placeës par ordre ez lieux, ou ils sont descrits sur le dit dessein, auec le filet de gazon, au milieu des sentiers d'iceluy.

Le 3.* fol. 20. est oblong, contenant 60. toises de large sur 37. de profondeur, le tout dans œuures. La fontaine en octogonne de 7. toises en diametre, & les alleës de 4. de large: Les statües, & filets de gazon posez ainsi qu'ils sont marquez sur le dit dessein.

Le 4. fol. 21. est encore oblong estant de 38. toises de long sur 30. de large; les alleës de 4. toises de large, & la fontaine de 6. de diametre. Les statuës, & filets de gazon, placez ainsi qu'on peut remarquer sur le dit dessein.

Le 5. fol. 22. est vn Compartiment de gazon, sans alleës trauersantes, contenant enuiron 28. toises en quarré, y comprises les alleës du pourtour, lesquelles sont de 3. toises de large; la fontaine de 4. dans œuures, le tout accompaignè de statuës, & orné d'vne platte bande de gazon, auec vne demye oualle au bout, & quelque terrace sur le deuant, comme il se voit au dit dessein.

Le 6. fol. 23. est vn Compartiment de gazon oblong, aussi sans alleës trauersantes, lequel contient enuiron 29. toises de face sur 22.½ de profondeur: Le tout dans œuures accompaignè, & ornè de statuës, & bandes de gazon, ainsi qu'il est marque' sur iceluy dessein.

Le 7. & dernier Compartiment de gazon fol. 24. est aussi oblong, & sans alleës trauersantes, contenant 40. toises de large sur 26. de profondeur: Les statuës, & bandes de gazon en leur lieux par Symmetrie, ainsi qu' il est marquè au dit dessein.

Maintenant suit les bosquets, lesquels estans practiquez dans le iardin de plaisir comme il appartient, y font vn fort bel effect, les traits qui forment le desfein doiuent estre plantéz de Charme, Ligustrom, Philirias, ou autres arbres propres a faire pallissades; & le dedans doit estre de tou-

tes

tes ſortes d'arbrisſeaux, pour former des boccages, lesquels attireront naturellement toute ſorte d' oyſeaux ſans contrainte, & par ce moyen on aura vne voliere naturelle, qui ſera beaucoup plus aggreable que l'artificielle, les oyſeaux y ayans pleine liberté. Le 1. d'iceux bosquets fol. 25. contient enuiron. 44½. toiſes en quarré; ſa fontaine. 7. de diametre, & les allees. 3. dont celles, a l' extremité desquelles ſont les quatre ſalles, peuuent eſtre formeës en berceau, que l' on fera de charpente, comme auſſi les 4. dites ſalles, en forme de pauillons, auec les ſtatues en leur lieux plus propres, ainſi que le tout eſt deſcrit ſur le deſſein.

Le 2. bosquet, fol. 6. contient. 40. toiſes en quarré, les allees. 2. auec vne platte bande de gazon au milieu d'icelles, comme auſsi dans les ſalles ou cabinets, lesquels ſont bordez d' vn eſpace de trois pieds de large, pour mettre des fleurs, ainſi qu'il eſt repreſenté au dit deſſein.

Le. 3. fol. 27. eſt oblong d'enuiron. 36. toiſes de large ſur. 26. de profondeur; ſa fontaine auſſi oblongue : les plattes bandes de gazon, & fleurs, comme il eſt deſcrit ſur le deſſein.

Le. 4. & dernier bosquet fol. 28. eſt auſsi oblong, contenant enuiron. 37½. de large ſur. 27½. de profondeur : les cabinets ſe communiquans l'vn a l'autre; & les ſtatues, & arbres poſéz par ordre, & correſpondance, ainſi qu'il ſe peut voir ſur le dit deſſein.

Nous finirons nos deſſeins par les Dedalles, ou Labyrinthes, dont les palliſſades doiuent eſtre plantées a double rang, afin de les rendre plus fortes, & eſpaiſſes, en telle maniere que l'on ne puiſſe paſſer au trauers. Le. 1. fol. 29. eſt en forme octogonalle; contenant. 36. toiſes dans œuures en quarré, les allees 2. de large ou enuiron.

Le 2. Labyrinthe fol. 30. eſt oblong, & contient. 36. toiſes de large ſur. 44. de long. Celuy cy eſt du tout hors de Symmetrie, neantmoins il fera vn tres bel effect ſur terre; & il eſt a noter que le plus d'eſpace qu'on leur pourra donner eſt le meilleur. C'eſt pourquoy il eſt expedient de choiſir quelque lieu hors du iardin, pour la conſtruction d'iceux, ou l'on puiſſe auoir de l'eſtendue comme de. 60. ou. 80. toiſes en quarré.

Nous auons encor a remarquer que les allées eſtants bien ſablees & entretenuës comme il appartient font vn tres bel Ornement dans le iardin de plaiſir, & les parterres eſtant pareillement coulourez de differents ſables paroiſſent beaucoup plus agreables a l'œil; Mais le ſable des parterres doit

eſtre

eſtre fin, & ſans pierres pour le pouuoir mettre proprement dans la broderië & par touts les masſifs ou ſentiers tant d'iceux parterres en broderie que compartiments de gazon, & celuy des alleës doit eſtre pierreux & grauelleux, Comme ausſi argilleux, afin qu' eſtant mis vn bon pied d' eſpais, il face corps & s' endurciſſe, tellement qu'aucune herbe n' y puiſſe croiſtre. Il eſt beſoin pour bien faire, & entretenir les dictes alleës d' auoir vn Rouleau de pierre dure lequel ſoit enuiron de trois pieds de long & vn pied de diametre, avec vn manche faict a la propice, pour le pouuoir rouler facilement par toute la ſuperficië des dictes alleës, pour les vnir & affermir : On ſe ſert du meſme Rouleau comme nous avons dict cy deuant pour le gazon apres y avoir paſſé premierement vn Rouleau de bois pour oſter les crottes des vers de deſſus iceluy gazon, c' eſt la façon & maniere que l' on tient en Angleterre pour la conſtruction des alleës & gazonnage, laquelle donne vne tresbelle decoration dans les iardins.

I' eſpere m' eſtre rendu aſſez intelligible pour la conſtruction de tous plans generaux, parterres, bosquets & autres deſſeins, qui peuuent former le iardin de plaiſir, ce que i' ay fait, afin que les moins vſitéz au iardinage, puiſſent tirer quelque vtilité & plaiſir en la decoration des iardins, le tout ſelon la meſure & cognoiſſance qu' il a pleu a Dieu me departir. Je prie doncques tous amateurs & curieux en iardinage, de prendre a bonne part ce mien petit ouurage lequel i' ay produit pour le ſeruice de ma ſer.me Reine & vtilité du public.

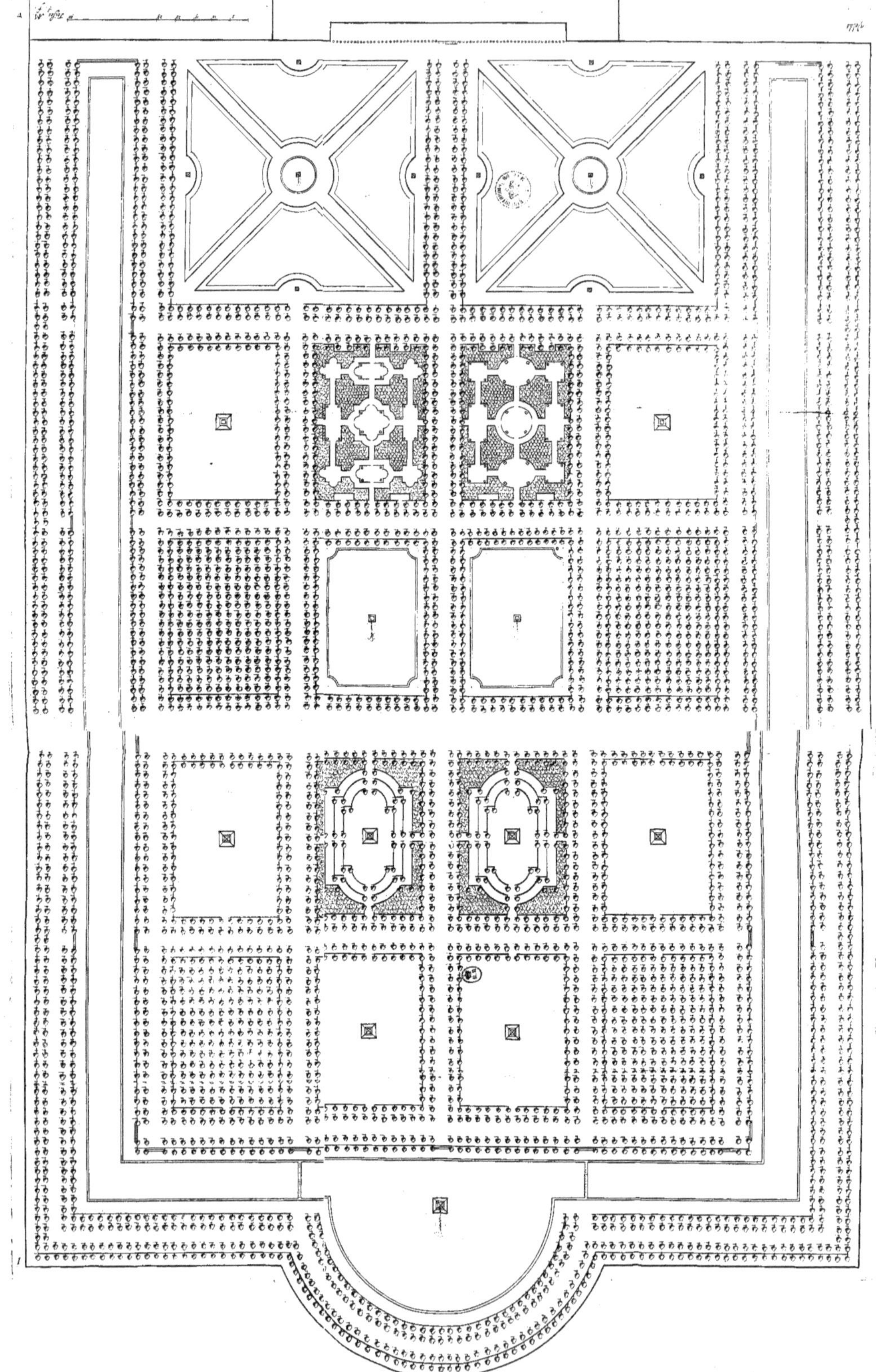

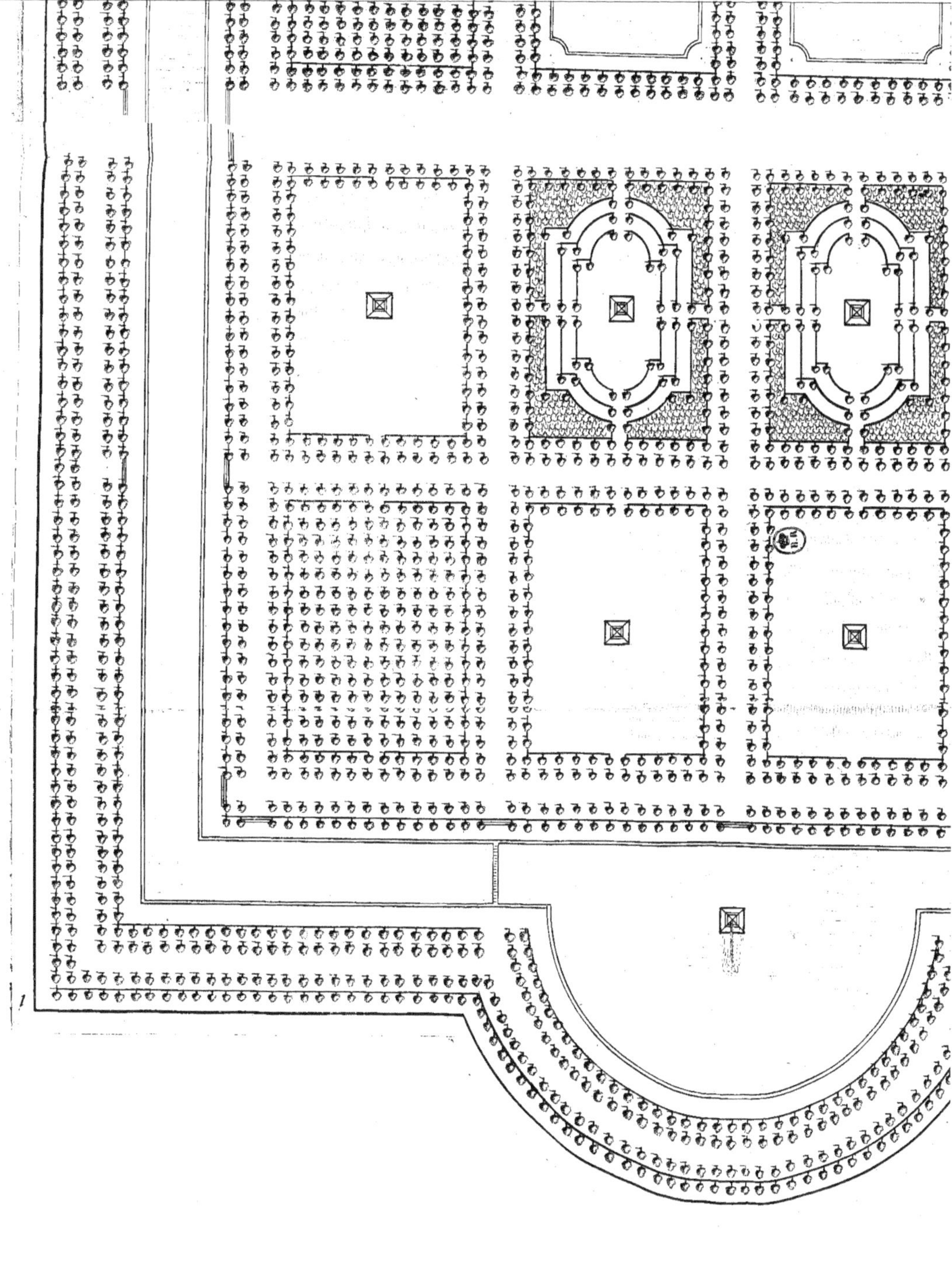

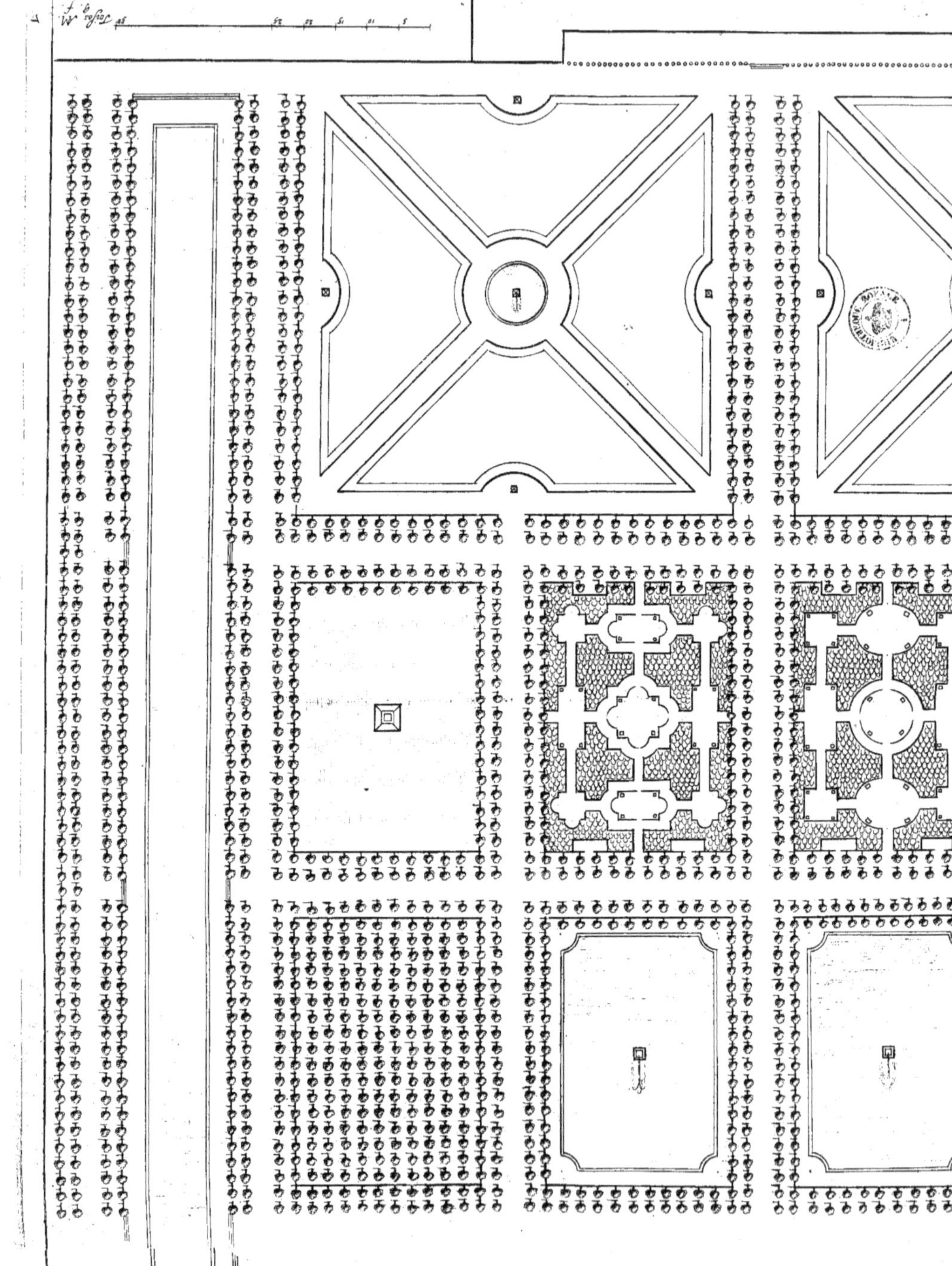

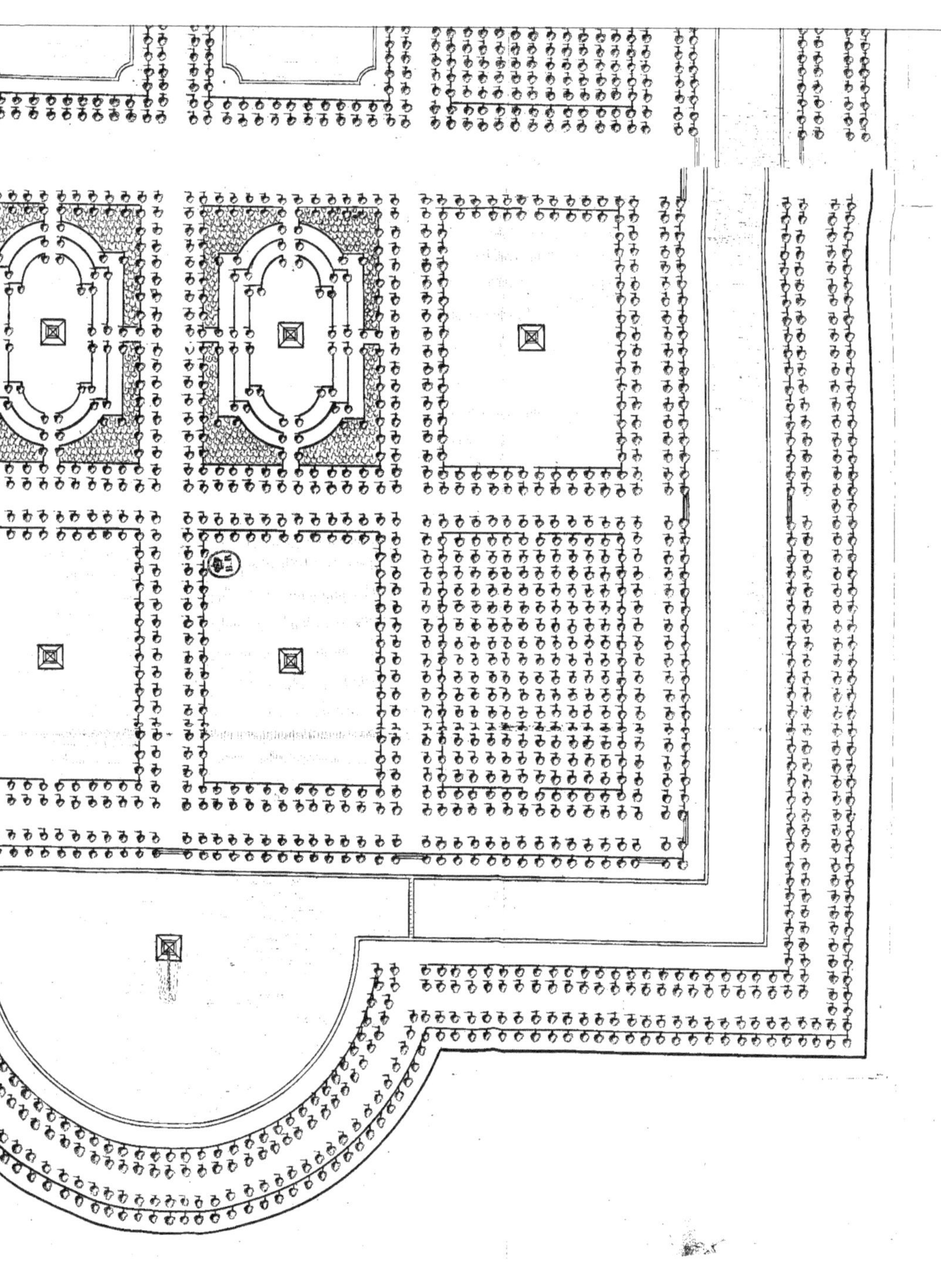

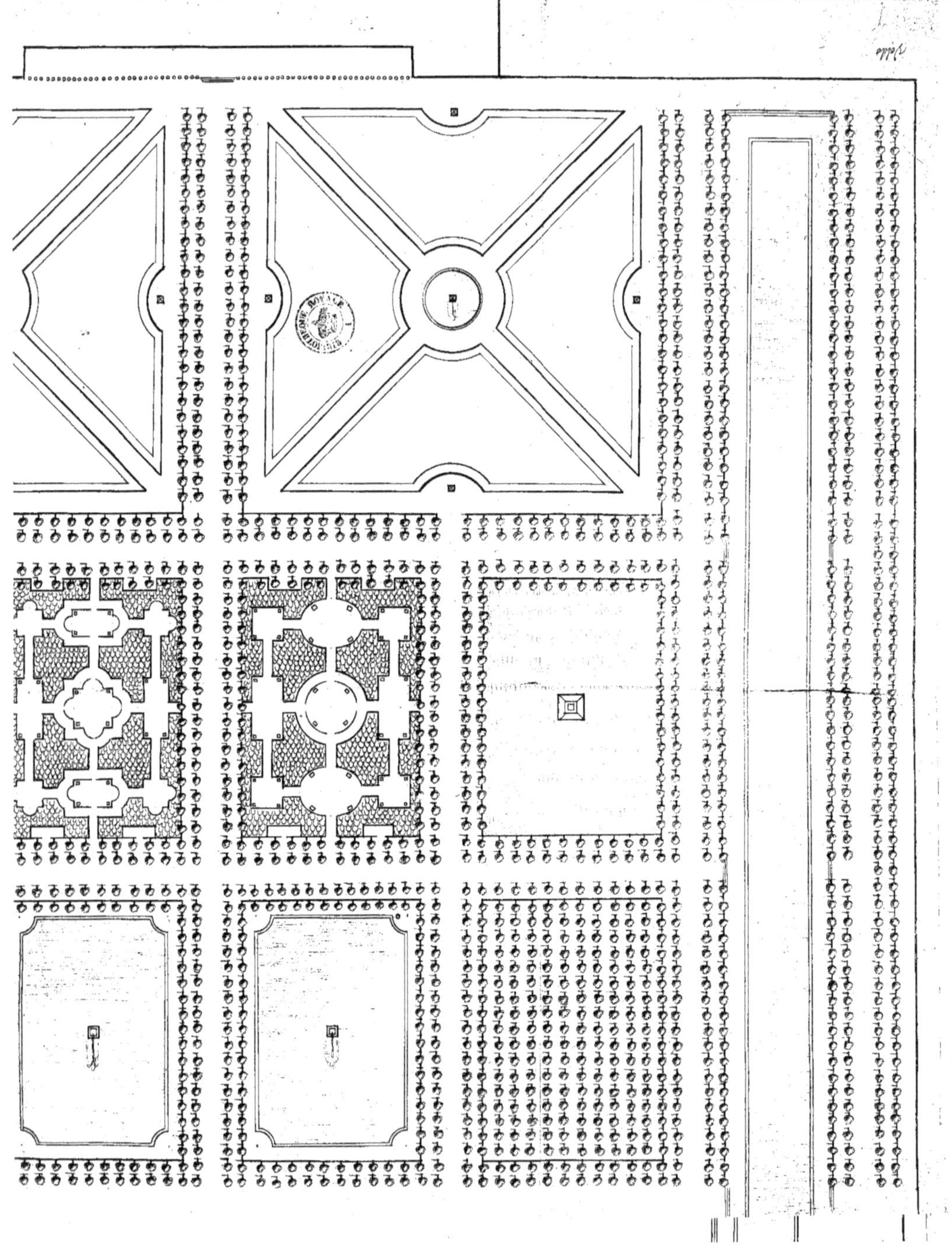

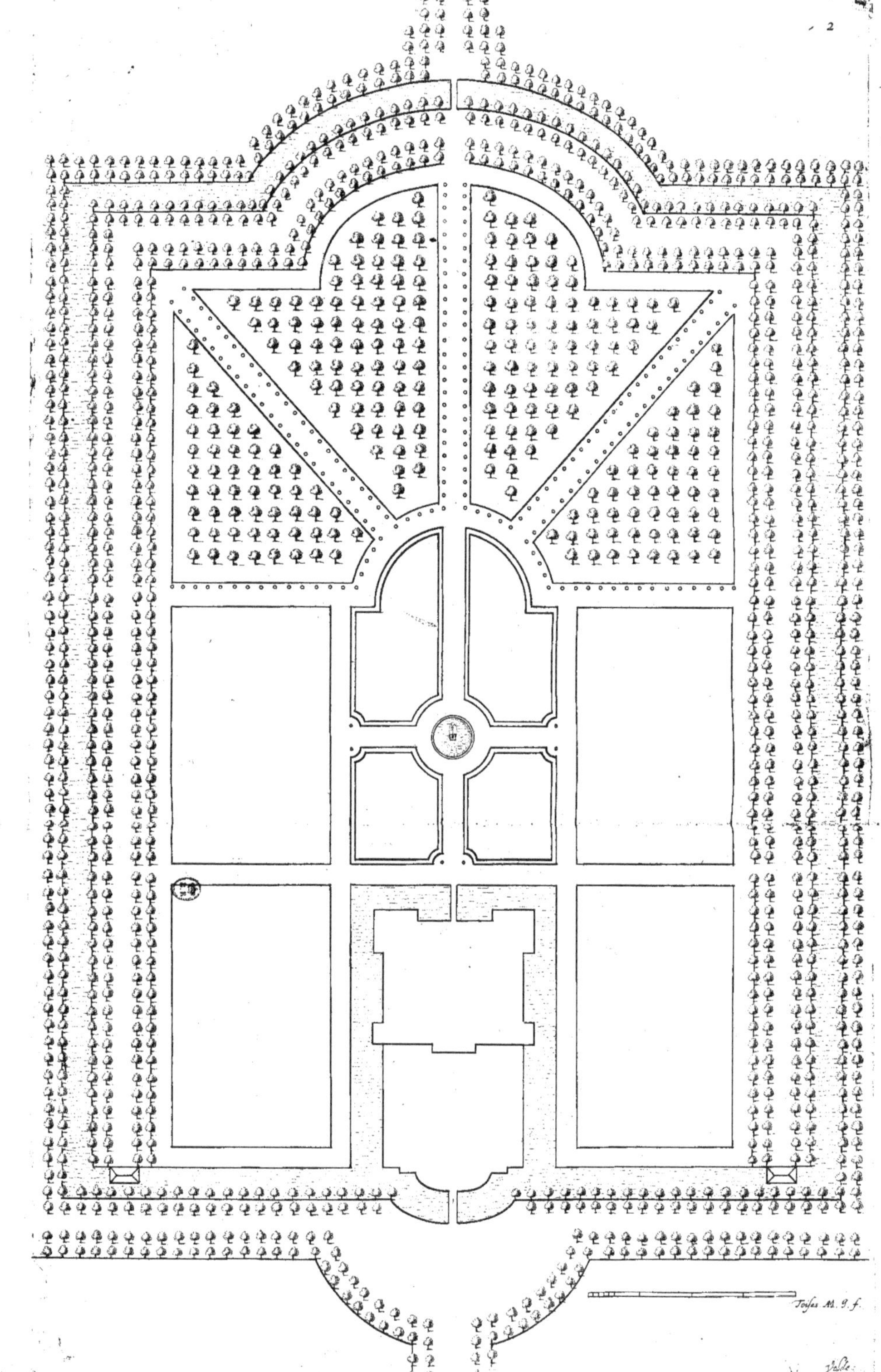
Toises M. 9. f.

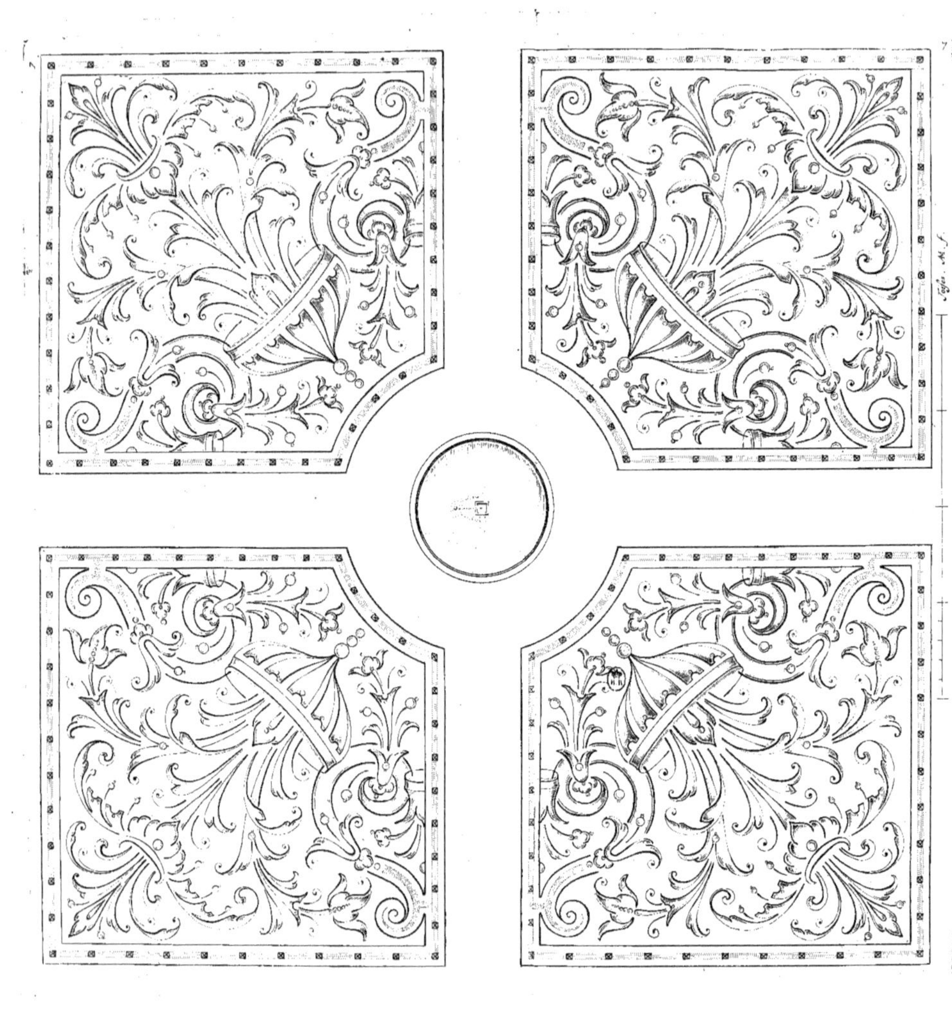

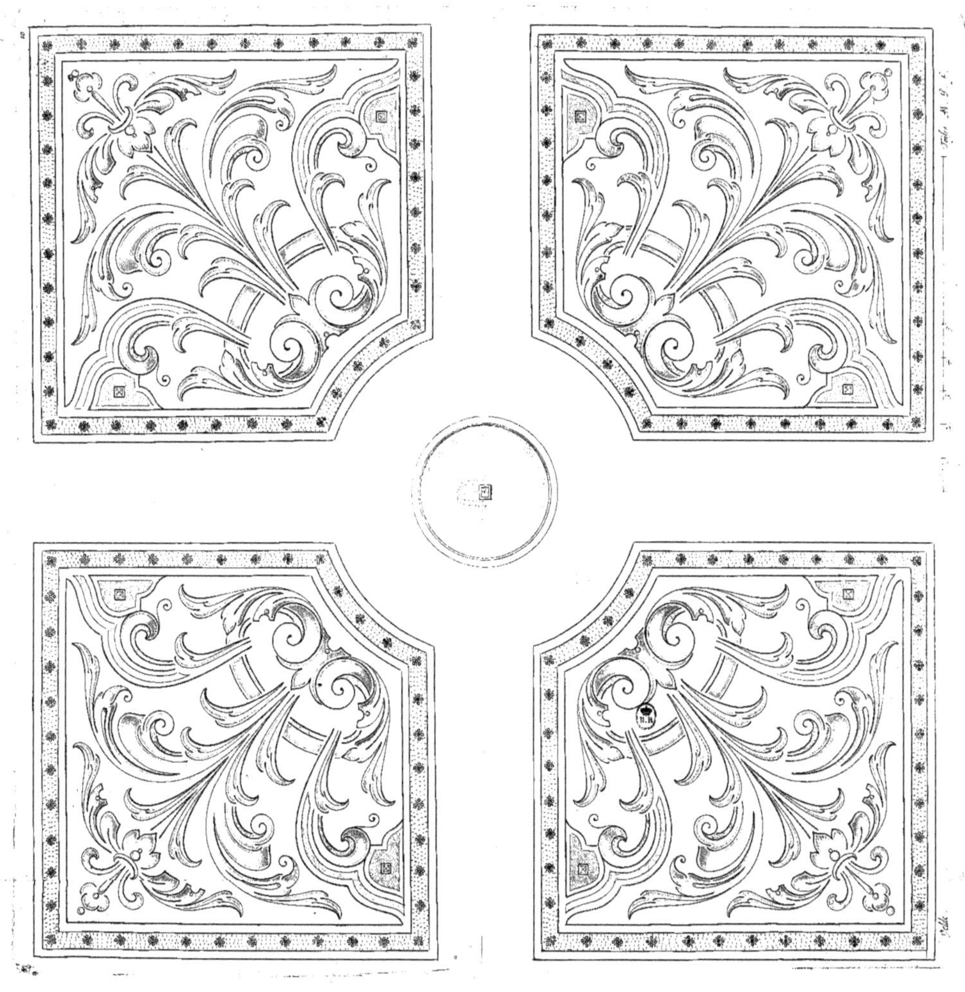

Toises M. I. f.

I. V. Velde. Sculp. a Stockholm
1 2 3 4 5 10 Toises. M. S. f.

1 2 3 4 5 10 15 Toises. M.T.f.

Velde, Sculp.

1 2 3 4 5 10 15 Toises. M. J. f.

1 2 3 4 Toises
19
AM . J f

18
1 2 3 AM 4 J f 5 Toises 6

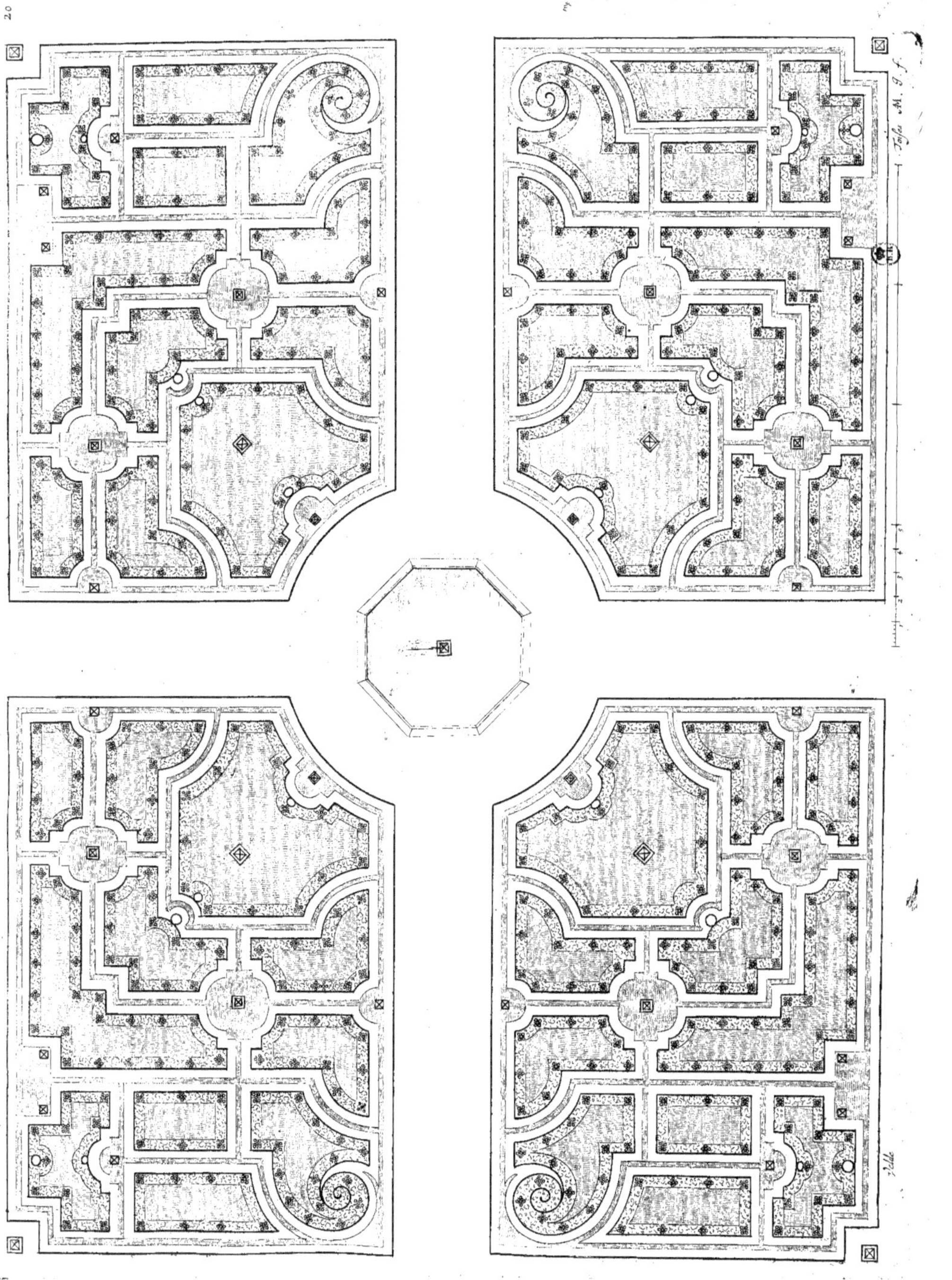

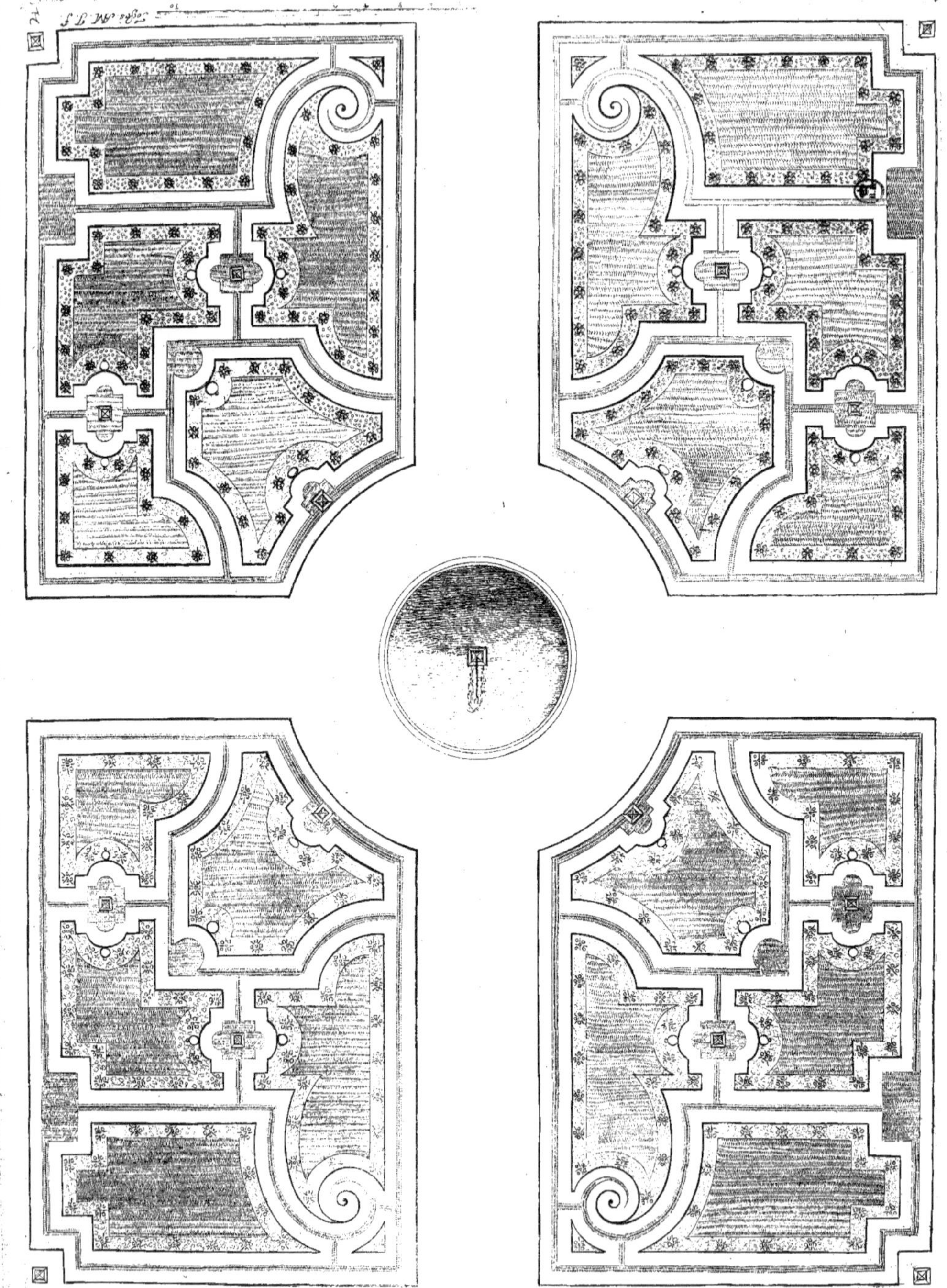

Toises. M. 9. f.

1 2 3 4 5
Toises M. D. f.

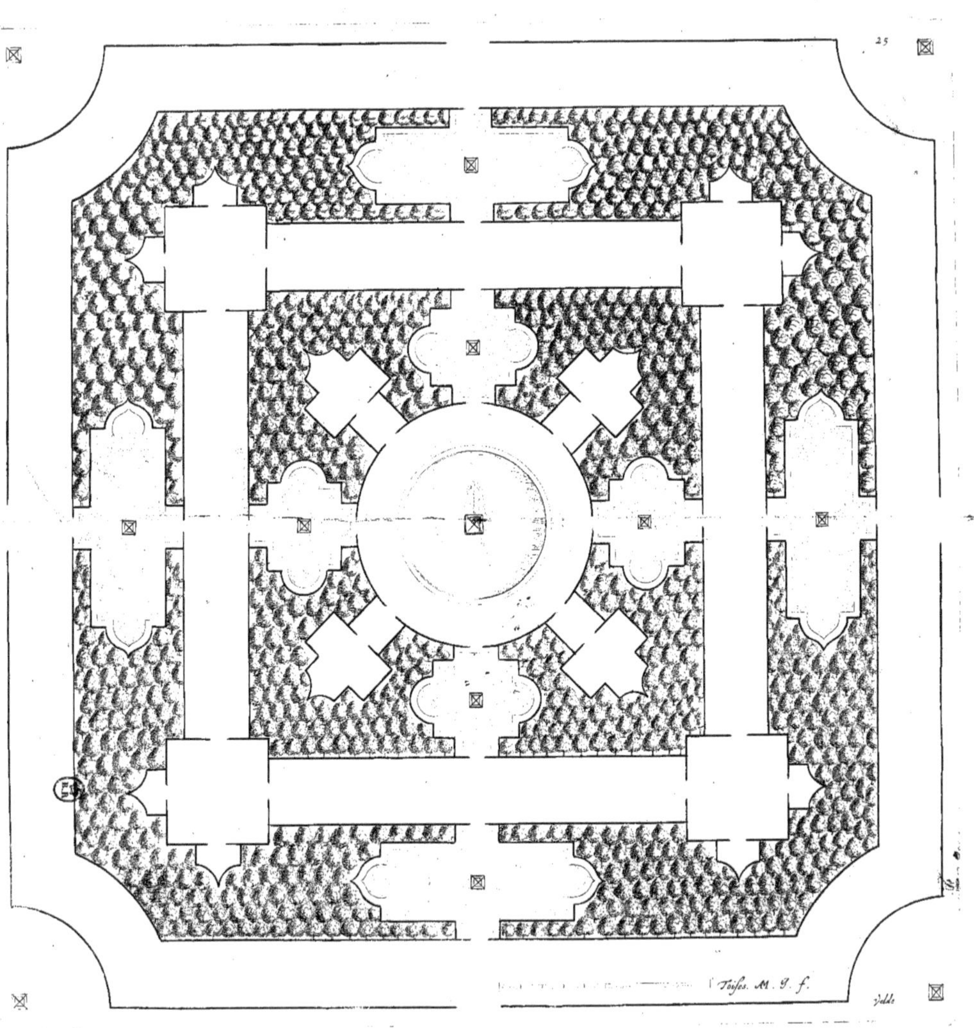
25
Toises. M. 9. f.
yelde

26
Toises

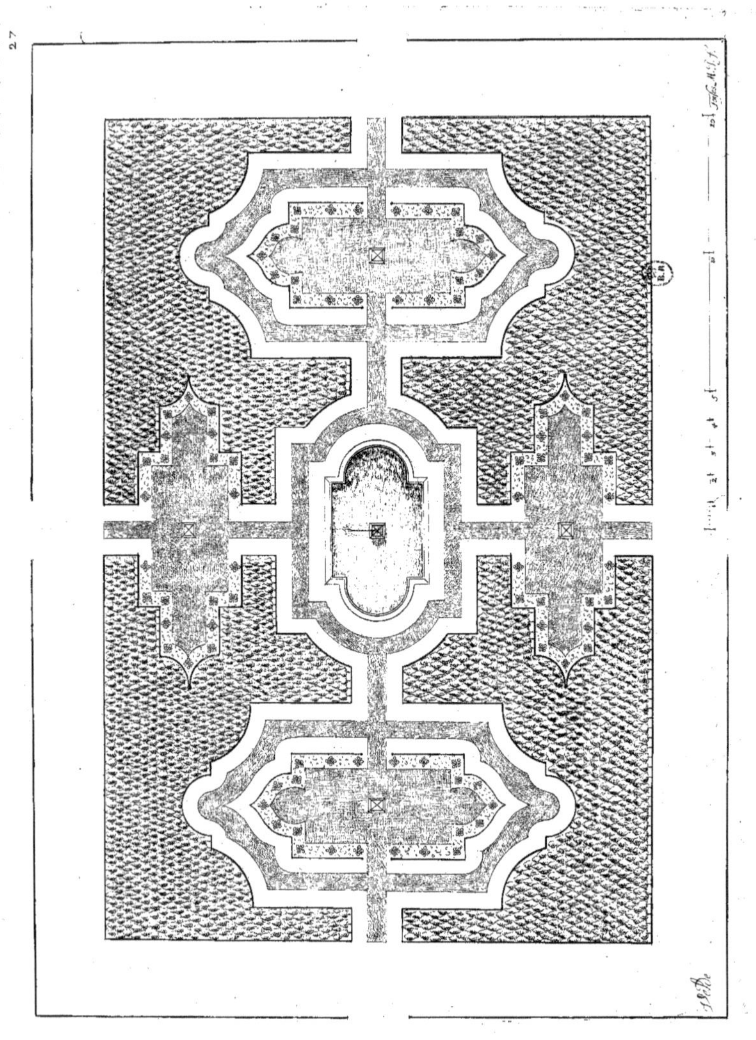

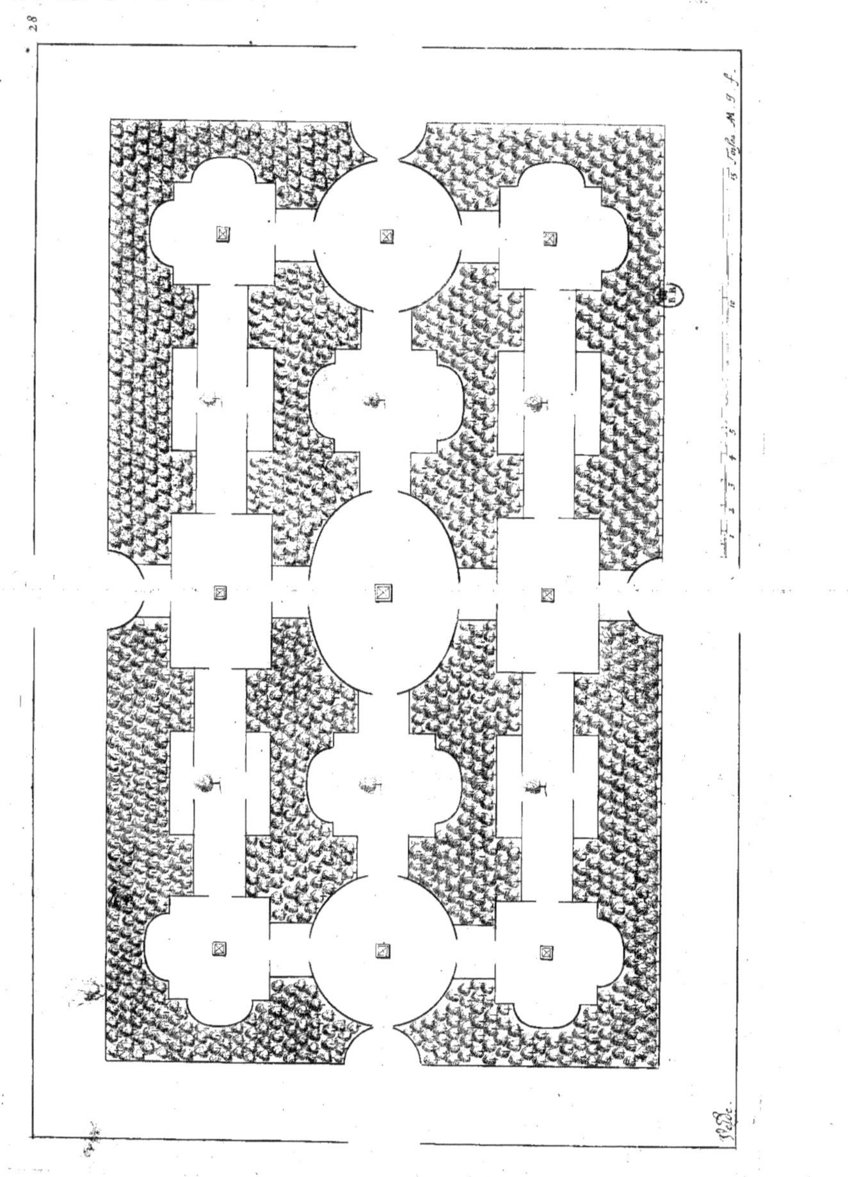

25

30
10 Toises

RV. RÉSERVE
295

www.ingramcontent.com/pod-product-compliance
Lightning Source LLC
LaVergne TN
LVHW010610110826
845149LV00003B/843

* 9 7 8 2 0 1 2 7 2 8 4 4 8 *